PARA ESCRIBIRTE MEJOR 1
(Ortografía y Redacción)
TERCERA EDICIÓN

PARA ESCRIBIRTE MEJOR 1

(Ortografía y Redacción)

TERCERA EDICIÓN

ANA MARÍA MAQUEO
LETICIA ROSALES

LIMUSA
NORIEGA EDITORES
MÉXICO • España • Venezuela • Colombia

Derechos reservados:

© 2004, EDITORIAL LIMUSA, S.A. de C.V.
GRUPO NORIEGA EDITORES
Balderas 95, México, D.F.
C.P. 06040
☎ 8503 8050
01(800) 706 9100
🖶 5512 2903
limusa@noriega.com.mx
www.noriega.com.mx

CANIEM Núm. 121

Hecho en México
ISBN 968-18-5527-2
9.3

Contenido

Unas palabras para el maestro

Todos los maestros de Español reconocemos la enorme dimensión de lo que significa enseñar a nuestros alumnos a escribir bien. Es uno de nuestros grandes retos. Sabemos que el dominio de la escritura equivale a ser dueños de un instrumento invaluable para la expresión. Y también sabemos que ese instrumento es fundamental, puesto que es una de las bases para la organización del conocimiento y, finalmente, del pensamiento. ¿De qué sirve tener nuestra mente pletórica de conocimientos si no somos capaces de expresarlos? Al poder escribir bien, tendremos gran parte del camino recorrido para conducir, por buena senda, la expresión total de nuestro ser que está hecho de pensamientos, estados de ánimo y sentimientos.

Lo que ofrecemos aquí es un material para la práctica de la Ortografía y de la Redacción. Se compone de una serie de ejercicios que permitirán el dominio gradual de las dificultades de estas disciplinas. Existe un camino trazado, pero tenemos conciencia de que el maestro podría adaptarlo a las necesidades propias de cada grupo. La dimensión de las lecciones es variable, de acuerdo con la dificultad que ofrece cada tema; y la realización de cada una de ellas depende del ritmo particular que le imprima cada maestro. Decidimos alternar las lecciones de Ortografía y Redacción, pero esto también tendrá su final realización en las manos de usted, maestro.

La lectura, la expresión escrita y la expresión oral son las columnas que sostienen la Modernización Educativa. Por tal razón, creemos que este manual podrá ser un excelente auxiliar en el dominio de la segunda de esas bases. Vamos, pues, maestro, a desarrollar la expresión escrita de nuestros alumnos. El camino será la práctica constante y la ejercitación, puesto que a escribir se aprende escribiendo.

El alfabeto

Vamos a empezar en esta lección el estudio de las reglas de ortografía y su aplicación práctica.

FÍJATE:

viento - vela   banda - beso

En el español de México existen 27 letras que corresponden a 22 sonidos solamente; de ahí que una sola letra tenga que representar dos o más sonidos.

letra	sonido	letra	sonido
b v	[b]	g j	[j]
c s z	[s]	y ll	[y]
x	[ks] [j] [sh]	h	[ɸ] (no hay sonido)

Al observar atentamente este cuadro nos damos cuenta de cuáles son las principales letras que ofrecen problemas ortográficos.

RECUERDA:

> La ortografía es producto de la práctica y de la lectura cuidadosa.

Conocer el alfabeto es de gran utilidad para todos. Nos ayuda a organizar documentos en la escuela o en el trabajo; por ejemplo, las fichas bibliográficas. También nos es útil para consultar los ficheros en la biblioteca, el diccionario, la enciclopedia, el directorio telefónico, entre otras cosas. Escribe el alfabeto y recuerda que recientemente desaparecieron dos letras: la **ch** y la **ll**.

A Organiza en orden alfabético las siguientes palabras:

ganso	hermosa	días	moneda
arpa	manta	pasto	collar
signo	pino	jalea	ostra
isla	himno	bala	fila
lápiz	cuento	pintor	línea
ola	bota	letra	nido
risa	kilo	tambor	noche
vista	queja	Xola	ruta
yunque	ejote	llave	fresa
hielo	zorro	chapa	enero

1 _____
2 _____
3 _____
4 _____
5 _____
6 _____
7 _____
8 _____
9 _____
10 _____
11 _____
12 _____
13 _____
14 _____
15 _____
16 _____
17 _____
18 _____
19 _____
20 _____

21 _____
22 _____
23 _____
24 _____
25 _____
26 _____
27 _____
28 _____
29 _____
30 _____
31 _____
32 _____
33 _____
34 _____
35 _____
36 _____
37 _____
38 _____
39 _____
40 _____

B Ordena alfabéticamente los siguientes nombres en la letra correspondiente.

Carmen	Judith	Óscar	Jorge	Guillermo	Mónica
Laura	Cecilia	Juan	Graciela	Javier	Luisa
Marta	Carlos	José	Osvaldo	Gabriela	Melina
Lorena	Carolina	Lourdes	Gonzalo	César	Gastón
Olivia	Manuel	Luz	Octavio	Mario	Olga

C	J	L	G	M	O

C Coloca las palabras en orden alfabético en la columna en que queden bien.

verde	león	libreta	fresa	amarillo
gato	compás	durazno	azul	elefante
regla	pera	negro	delfín	lápiz
higo	morado	jirafa	goma	ciruela

frutas	útiles escolares	animales	colores

EL USO DEL DICCIONARIO

Todos los diccionarios siguen unos lineamientos para su presentación y su manejo.

Observa una muestra tomada de un diccionario:

A

H

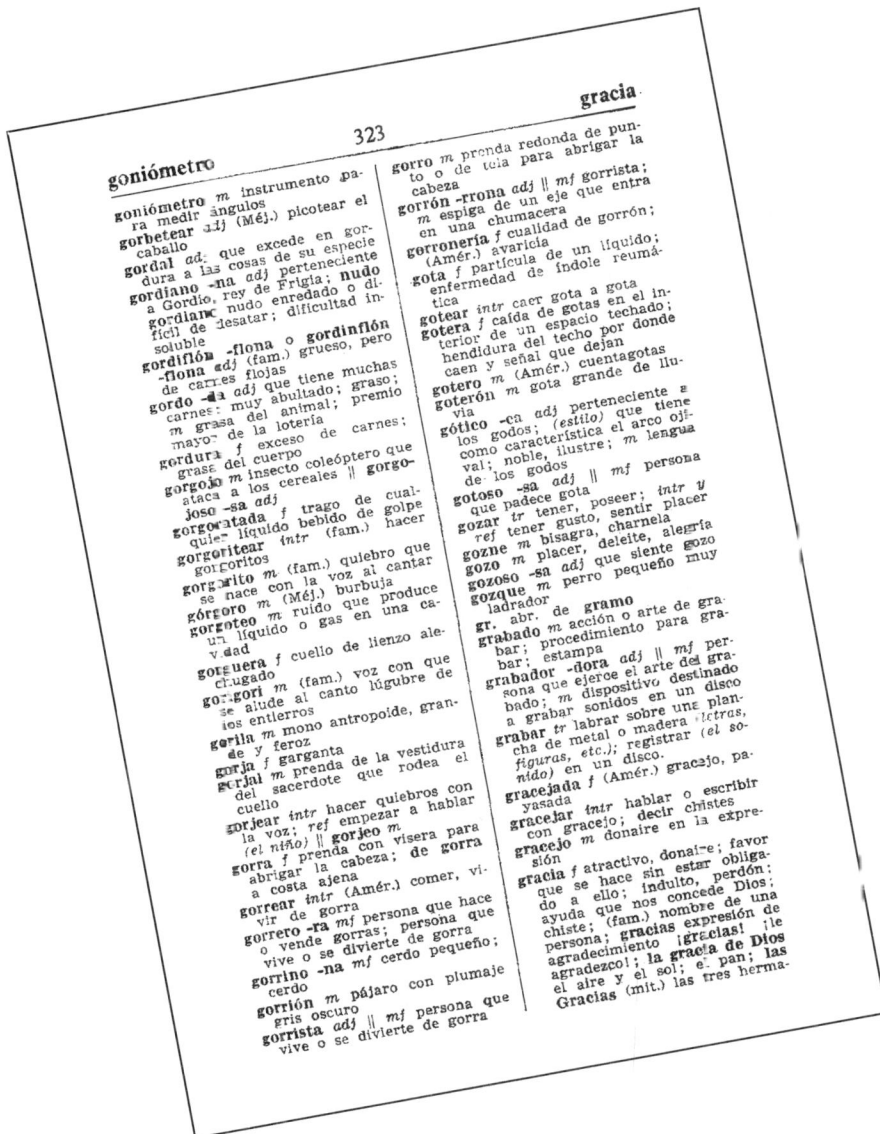

ATENCIÓN:

> En los diccionarios se usan abreviaturas (adj., s., m. f. conj., tr., intr., etc.) que nos dan información sobre la palabra a que se refieren.

D Elabora un pequeño diccionario con las palabras enlistadas. Sigue el modelo que se acaba de dar.

A	**C**
ahora, aunque, alcanzar, alto, azar	caer, callado, con, cielo, circo
D	**F**
dominó, dátil, duradero, desear, de	fosfato, físico, frenar, frío
J	**M**
junco, jerga, Japón, jitomate	mella, maltés, mejorar, más
P	**Z**
pero, pagar, primo, paleta, poste	zapato, zorro, zurdo, zinc

Escribir oraciones
(La claridad)

¿Cómo se aprende a escribir? ¿Para qué queremos saber escribir? Estas son preguntas que todos nos hacemos. La primera la podemos responder con una sola palabra: escribiendo. Sí, a escribir se aprende escribiendo. Es decir, con la práctica, con la escritura cuidadosa y reflexiva y con el deseo de aprender.

La segunda pregunta la podemos responder diciendo que necesitamos saber escribir bien para poder expresar por escrito nuestras ideas y pensamientos, así como nuestras emociones. Todos hemos tenido la experiencia de querer decir algo por escrito —desde un recado hasta un verso— y no lograr hacerlo con la exactitud y la claridad con que lo pensamos. Para eso sirve entonces saber escribir, para poder expresarnos por escrito.

Vamos, entonces, a trabajar con mucho entusiasmo.

A Ordena las palabras y forma una oración.

Ejemplo: (un - bravo - Teresa - muy - tiene - perro)
Teresa tiene un perro muy bravo.

1. (compañeros - un - flojos - mis - poco - son)

2. (la - juegan - niños - los - cancha - pelota - en)

3. (terminó - muy - fiesta - la - José - de - tarde)

4. (fueron - en - cine - muchachas - las - se - coche -al)

5. (es - nueva - la - agradable - compañera - muy)

6. (son - Manuel - amigos - y - Adolfo - buenos)

7. (televisión - en - interesante - ecología - la - vimos - un - sobre - programa)

8. (hermosos - los - animales - y - son - pájaros - alegres)

• OBSERVA:

Teresa tiene un perro muy bravo.

Un perro muy bravo tiene Teresa.

Tiene Teresa un perro muy bravo.

Teresa un perro muy bravo tiene.

El español tiene muchas posibilidades para colocar los diferentes elementos dentro de una oración.

B Escribe dos posibilidades más de cada oración del ejercicio A.

C De las oraciones que escribiste en los ejercicios A y B, ¿cuál piensas que es la que tiene mayor **claridad**?

> La claridad es una característica de un buen escrito.

En ocasiones, cuando una oración no queda muy clara o no se entiende, es conveniente cambiar los elementos que la forman para que sigan un orden lógico es decir, sujeto + verbo + complemento (SVC).

• ¿SE ENTIENDE BIEN ESTA ORACIÓN?

Con el jabón desinfectante al perro los niños mañana bañarán.

¿Qué pasa si le damos un orden lógico?

Los niños bañarán al perro con el jabón desinfectante mañana.

Resulta más clara, ¿no es así?

D Reescribe las siguientes oraciones siguiendo el orden lógico.

1. A mi amiga mañana un regalo de cumpleaños llevaré.

_____

2. Para la fiesta del sábado el nuevo vestido me pondré.

_____

3. Con las tijeras cortó Roberto el cordón.

_____

4. A mis hermanos unas chamarras les compró mi papá ayer.

_____

5. Con quien dejar no tiene a los niños esa señora.

_____

6. Muy agradable era el hotel y muy limpio.

_____

E Vamos a hacer comparaciones. Escribe en tu cuaderno tres oraciones comparativas.

Ejemplo: Carlos es muy alto.

Carlos es más alto que su hermano Rodrigo.

Carlos es menos alto que yo.

Carlos es tan alto como mi primo Pepe.

1. Adolfo es muy trabajador.
2. Las rosas son muy aromáticas.
3. Mariana es muy agradable.
4. El mar es muy imponente.
5. La maestra es muy competente.

F Escribimos más comparaciones.

En los poemas o en las canciones frecuentemente aparecen comparaciones.

Por ejemplo:

Tus dientes como perlas.

El mar como un espejo brillante.

Escribe comparaciones poéticas con la palabra que se da.

Ejemplo:

(luna) La luna como un espejo de luz.

1. (sus ojos)

2. (el sol)

3. (tus lágrimas)

4. (su pelo)

5. (la noche)

6. (su sonrisa)

G Cambia las oraciones del ejercicio anterior igual que en el ejemplo. Escribe dos oraciones.

Ejemplo: La luna como un espejo de luz.

La luna parece un espejo de luz.

La luna se ve como si fuera un espejo de luz.

H Escribimos otras comparaciones.

Ejemplo:

Luis es altísimo.

Es tan alto que parece un pino del bosque.

1. Marcela es muy alegre.   4. La salsa está muy picante.

2. El mar está picadísimo.   5. El sol está muy brillante.

3. Carlos es muy rubio.   6. La noche está oscurísima.

La sílaba

A Lee con atención.

"¡Cla-ro que pue-do ha-cer-lo!", se re-pi-tió e-lla u-na vez más, as-cen-dien-do con gran len-ti-tud y di-fi-cul-ta-des, pe-ro lle-na de go-zo. Su pie es-tu-vo a pun-to de ir-se a un pe-que-ño a-gu-je-ro y que-dó al-gu-nos se-gun-dos ha-cien-do e-qui-li-brios so-bre u-na pie-dra fal-sa que a-me-na-za-ba con ha-cer-la ca-er a un char-co.

El bordo,
SERGIO GALINDO.

El texto anterior, como habrás notado, está dividido en sílabas. Es útil saber dividir las palabras para separarlas correctamente en un escrito, sobre todo al final de un renglón.

Lee otra vez el texto y observa que cada sílaba está formada por una o varias letras que se pronuncian en una sola emisión de voz.

RECUERDA:

> Una sílaba está formada por una o varias letras que se pronuncian en una sola emisión de voz.

También te habrás dado cuenta de que una vocal va acompañada de una o varias consonantes. **Las vocales solas pueden formar una sílaba, pero las consonantes no.**

De acuerdo con el número de sílabas que las forman, las palabras se clasifican en:

* monosílabas (una sílaba): me, sol, tan.
* bisílabas (dos sílabas): canto, mesa, rana.
* trisílabas (tres sílabas): andando, reposo, ángeles.
* polisílabas (cuatro o más sílabas): relámpago, diciéndoselo.

B   Escribe las palabras del texto A donde convenga.

Monosílabas

_____ _____ _____ _____

_____ _____ _____ _____

_____ _____ _____ _____

_____ _____ _____ _____

_____ _____ _____

Bisílabas

_____ _____ _____ _____

_____ _____ _____ _____

_____ _____ _____ _____

_____ _____ _____

Trisílabas

_____ _____ _____

_____ _____ _____

_____ _____ _____

Polisílabas

_____ _____

_____ _____

_____

ATENCIÓN: Una vocal —aunque forme una sílaba— no debe escribirse separada al principio o al final de un renglón.

a-yer   dí-a

C   Localiza en el texto A las palabras que están en este caso indica cómo se separan en sílabas.

D Divide en sílabas las palabras. Indica a continuación si se trata de una monosílaba, bisílaba, trisílaba o polisílaba.

Ejemplo: caminante   ca-mi-nan-te   polisílaba

1. lámpara   _____   _____

2. esperanza_____   _____

3. bolsa   _____   _____

4. sol   _____   _____

5. revista   _____   _____

6. azufroso   _____   _____

7. luz   _____   _____

8. diciéndole_____   _____

9. fábrica   _____   _____

10. película   _____   _____

E Lee atentamente el párrafo siguiente. Fíjate en las palabras en negritas. Observa que están divididas en sílabas.

Efecto de mil tonterías, de **re-cuer-dos**, de ecos **in-te-rio-res**, todo procedente del mismo **ma-nan-tial**: Hugo. Las tontas frases de amor que ahora en boca de su marido adquirían un significado **cier-to** e importante...

El bordo,
SERGIO GALINDO.

Las palabras divididas en sílabas contienen un diptongo.

RECUERDA:

> Un diptongo es la unión de **una vocal débil** (i-u) con **una fuerte** (a-e-o).

(ai) baile	bai-le	(ou) Sousa	Sou-sa	(uo) antiguo	an-ti-guo
(ei) peine	pei-ne	(ia) diana	dia-na	(eu) reunión	reu-nión
(oi) Zoila	Zoi-la	(ua) casual	ca-sual	(ie) especie	es-pe-cie
(au) cauto	cau-to	(ue) cuento	cuen-to	(io) posterior	pos-te-rior

ATENCIÓN:

> La unión de las vocales débiles, también forma un diptongo.

(iu) triunfo triun-fo   (ui) construir cons-truir

F Escribe tres palabras en las que emplees los diptongos de la izquierda.

(iu) _____ _____ _____

(ui) _____ _____ _____

G Practica la división silábica.

proverbio	pro - ver - bio	juicio	_____
siembra	_____	puente	_____
precio	_____	pensamiento	_____
muestra	_____	Braulio	_____
poniente	_____	espacio	_____
matrimonio	_____	familia	_____
acierto	_____	causa	_____
tratamiento	_____	consuelo	_____
victoria	_____	nadie	_____
puerto	_____	potencia	_____
estudio	_____	canciones	_____
principio	_____	materia	_____
ausente	_____	pauta	_____
baile	_____	ciego	_____
cotidiano	_____	bueno	_____

H Escribe tres palabras como en el ejercicio F.

(ai) _____ _____ _____

(ei) _____ _____ _____

(au) _____ _____ _____

(eu) _____ _____ _____

(ia) _____ _____ _____

(ua) _____ _____ _____

(ue) _____ _____ _____

(uo) _____ _____ _____

(iu) _____ _____ _____

(ui) _____ _____ _____

(ie) _____ _____ _____

(io) _____ _____ _____

I Divide en sílabas.

Lorenza no se molestó en contestarle, hizo un ligero movimiento de hombros y echó a correr (…) hastiada de su suegra. (…) la mañana entera hablando de iglesia, Dios, demonio…

El bordo,
SERGIO GALINDO.

_____

_____

_____

_____

Transformar oraciones
(declarativas, interrogativas, exclamativas e imperativas)

A   Transforma las oraciones declarativas en interrogativas.

Ejemplo: Tengo hambre y frío.

¿Tienes hambre y frío?

RECUERDA:

> Los signos de **interrogación** (¿?) y de **admiración** (¡!) siempre son dos. El primero abre el enunciado y el segundo, lo cierra.

1. Me gusta comer con mi familia.

_____

2. Mi abuelita vive en Monterrey.

_____

3. Ayer se fue la luz en mi colonia.

_____

4. No me falta ninguna estampa en mi colección.

_____

5. Mi clase de español es interesante.

_____

6. No tengo tiempo de ver el programa hoy.

_____

B Transforma las oraciones en exclamativas.

Ejemplo: Cristina dijo que le encantaban las excursiones.
¡Me encantan las excursiones!

1. Mi abuelo opina que los tiempos pasados eran mejores.

2. Cuando se enoja dice que no nos va a llevar al cine.

3. Ayer se cayó de la bici y dijo que nunca más volvería a subirse.

4. Arturo aseguró que el examen había estado muy fácil.

5. Carmen dijo que le hubiera gustado mucho ir a Barcelona.

6. Mi hermano se quejaba de que le dolía muchísimo el oído.

C Transforma las oraciones afirmativas en negativas, en número singular. Usa palabras negativas como **no, nunca, nadie, ninguno, jamás...**

Ejemplo: Todos querían pasar al pizarrón.
Nadie quería pasar al pizarrón.

1. Mis compañeros presentaron bien su clase.

2. Algunos alumnos quedaron satisfechos.

3. Esos cuentos resultaron muy graciosos.

4. Algunas personas se quedaron formadas en la taquilla.

5. Ellos siempre quieren leer su libro de Español.

6. Estela siempre estudia mucho en las tardes.

D Transforma las oraciones negativas en afirmativas, en número plural.

Ejemplo: Nadie se presentó puntualmente al examen.

Todos se presentaron puntualmente al examen.

1. Él nunca nos invita a su casa.

2. No trajo el pedido de la papelería.

3. No quedó nada tirado en el patio.

4. Tampoco el tercer año fue a la exposición.

5. No se suspendió la clase de danza.

6. A veces ella me acompaña al dentista.

E Cubre con color rosa las oraciones afirmativas; con verde, las negativas; con azul, las interrogativas y con amarillo, las exclamativas.

1. Mis hermanos nunca vieron esa película.
2. Se divirtieron mucho en la feria del pueblo.
3. ¡Me encantan las naranjas y las fresas!
4. En esa oficina hay un buen ambiente de trabajo.
5. ¿Leíste el libro que te prestó Luisa?
6. Nadie lo quiso llevar al circo ayer.
7. ¿Te fuiste muy tarde ayer en la noche?
8. ¡Qué bonitas flores trajo Elisa!
9. Los niños fueron al estadio con sus hermanos.
10. ¡Cuánta alegría hay aquí!
11. No vi a ninguno de mis compañeros.
12. ¿Vas a ir al paseo de la escuela de Jorge?

● OBSERVA CON ATENCIÓN.

¿Me puedes ayudar?
¡Avísale porque ya es muy tarde!
¿Cómo dice que se llama esta flor?

Tú ya sabes que hay oraciones afirmativas, negativas, interrogativas e imperativas. Pero también hay oraciones mixtas, es decir, que pueden ser imperativa-interrogativa, exclamativa-imperativa, exclamativa-interrogativa.

Estas oraciones se clasifican así para indicar la intención del que habla cuando las produce.

Recuerda que siempre que hablamos lo hacemos con alguna intención. En las oraciones que hemos visto, **la intención** es muy clara: preguntar, ordenar, negar o afirmar algo.

F   Forma oraciones mixtas.
Ejemplo: Llámalo. Es muy urgente.
<u>¡Llámalo, porque es muy urgente!</u>

1. Pásame el libro. ¿Quieres?

_____

2. Llama a los bomberos. Se está quemando un coche.

_____

3. ¿En serio? ¿Te ganaste la bicicleta?

_____

4. ¡Apúrate! Ya nos vamos.

_____

5. ¡Socorro! Ayúdenme, por favor.

_____

6. ¡Cuidado! No sueltes al perro.

_____

7. ¿De veras? Pues te felicitamos sinceramente.

_____

8. ¡Avisa al 08! Están asaltando a una señora.

_____

Diptongos con h intermedia

A Lee con atención.

El ahi-ja-do de Don Carlos no pudo re-huir la obligación de ahu-mar la carne de cordero, pero se negó a cavar el hoyo en el jardín para preparar la barbacoa.

Observa las palabras separadas en sílabas.

RECUERDA:

> Si hay una **h** entre dos vocales que forman diptongo, la h no se toma en cuenta para la división silábica.

B Divide en sílabas. Vuelve a escribir las palabras.

ahuyentar
desahuciar
cohibir
prohibido
ahumado
ahulado

C Completa el cuadro con la palabra o el significado según convenga. Ejemplo:

Llenar algo de humo.	ahumar
Batracio mexicano que se considera maléfico.	ahuizote

Que no está permitido.	
	ahulado
Hacer huir.	
	cohibir
Declarar a un enfermo incurable.	
	ahijado

OBSERVA:

En el **te-a-tro** de **To-rre-ón** se **pre-o-cu-pan** porque todos los actores **se-an** de primera **lí-ne-a**.

Ya te diste cuenta de que no hay diptongo en las palabras separadas en sílabas, ¿verdad? Esto es porque:

> Dos vocales fuertes (a, e, o) no forman diptongo.

esprea   peón   neologismo

crear   beata   idea

D   Divide en sílabas.

león   _____   jalea   _____

creo   _____   ahorro   _____

ahora   _____   empleo   _____

preocupar   _____   asoleo   _____

aeropuerto   _____   terráqueo   _____

teatro   _____   deambular   _____

línea   _____   bromea   _____

FÍJATE:

voltear	volteo	volteé
vol-te-ar	volteas	volteaste
	voltea	volteó

Los verbos terminados en **ear** conservan la misma combinación de vocales y, por lo tanto, no forman diptongo.

E Trabaja las formas verbales en presente y pretérito de indicativo.

Ejemplo: Presente   Pretérito   Futuro

asolear   (yo) asoleo   (tú) asoleaste   (él) asoleará

desear			
bromear			
regar			
patear			
regatear			

• Divide en sílabas las formas verbales que escribiste.

F Divide en sílabas.

bromeo   _____

volteaste   _____

asolea   _____

coloreo   _____

deseaste   _____

Lee atentamente.

Sábado. Empezaba a oscurecer. Mucho frí-o. Uno que otro tran-se-ún-te indiferente, embozado y cabizbajo, por las calles desiertas de Tlalnepantla. ¡Sábado! ¡Qué dí-a!

Mi primera mujer y otros cuentos,
JUAN DE LA CABADA.

RECUERDA:

Cuando el acento cae en la vocal débil de un diptongo, éste se destruye.

G Divide en sílabas.

fotografía _____	ingeniería _____	tranvía _____
salía _____	tenía _____	búho _____
grúa _____	fantasía _____	cantaría _____
librería _____	optometría _____	llovía _____
perpetúo _____	desafío _____	llevaríamos_____
Lucía _____	vivía _____	teníamos _____
Rosalía _____	espía _____	salías _____
baúl _____	avería _____	vivíamos _____
daría _____	Rentería _____	había _____
continúa _____	hastío _____	pondrían _____

• Vuelve a escribir las palabras anteriores.

H Escribe otras palabras en las que el diptongo se destruya. Usa el diccionario.

_____   _____

_____   _____

_____   _____

_____   _____

_____   _____

OBSERVA LO QUE HACE EL ACENTO

I Lee en voz alta.

hacia - hacía   sabia - sabía
continuo - continúo   perpetua - perpetúa

• Encuentra otros pares de palabras como los anteriores y léelos en voz alta.

Transformar dos oraciones en una

(Nexos: y, pero, porque, por eso)

A Transforma las dos oraciones en una sola.

Ejemplo: María está leyendo. Jorge está escribiendo.

María está leyendo y Jorge está escribiendo.

> Observa que las oraciones se enlazan entre sí por medio de una palabra que las une. Esta palabra es un **nexo**.

1. Sofía está enferma. Alicia está muy triste.

2. Roberto es guapísimo. Gabriela es muy bonita.

3. Carlos está en Preparatoria. Miguel está en Secundaria.

4. Ana llegó tarde. Verónica se puso furiosa.

5. Mónica estudia en el jardín. El perro está con ella.

6. Fueron a Puebla. Se divirtieron mucho.

B Transforma estas dos oraciones en una. Escríbela de dos maneras diferentes.

Ejemplo: No voy. No tengo tiempo.

a) No voy porque no tengo tiempo.

b) Porque no tengo tiempo, no voy.

Tú ya sabes que en español los elementos que componen una oración pueden ir en diferente orden. Las oraciones a) y b) de la página anterior significan exactamente lo mismo. En la a) se sigue el orden regular de las oraciones, y en la b) ese orden se invierte; se empieza por la que lleva el **nexo**. En este caso, se puede usar una coma para separar las oraciones.

1. No pudieron venir. No pasó el camión.

   a) _____

   b) _____

2. Laura y Cecilia se parecen. Son primas.

   a) _____

   b) _____

3. Su mamá estaba enojada. Llegaron muy tarde.

   a) _____

   b) _____

4. No fueron. No los invitaron.

   a) _____

   b) _____

5. Están felices. Ganaron el concurso.

   a) _____

   b) _____

6. Les regalaron un perro. Se portan muy bien.

   a) _____

   b) _____

7. Marcela está preocupada. Operaron a Leticia de emergencia.

   a) _____

   b) _____

8. No llegaron a tiempo. Raúl se sentía mal.

   a) _____

   b) _____

● OBSERVA ESTAS ORACIONES.

No te llamé **porque** no encontré tu teléfono.
No encontré tu teléfono, **por eso** no te llamé.

¿Significan lo mismo las dos oraciones?
Sin embargo, fíjate, llevan distintos nexos. Advierte que **porque** es un nexo que expresa **causa**.
En

No te llamé **porque** no encontré tu teléfono.

no haber encontrado el teléfono es la causa por la cual no te llamé.

Observa que **por eso** también expresa causa, razón, motivo.

C   Transforma las oraciones del ejercicio B como en el ejemplo.

Ejemplo: No voy porque no tengo tiempo.

No tengo tiempo, por eso no voy.

RECUERDA:

Cuando se invierte el orden de las oraciones y se empieza con la que lleva el nexo, se usa una coma.

1. _____
2. _____
3. _____
4. _____
5. _____
6. _____
7. _____
8. _____

D Transforma las dos oraciones en una.

Ejemplo: Tiene mucho frío. No se pone los calcetines.
Tiene mucho frío **pero** no se pone los calcetines.

1. Está un poco enferma. No hace caso.

2. No quiere estar gorda. Come mucho pan.

3. Quiere sacar el primer lugar. Casi no estudia.

4. Tenemos ganas de ir. No conseguimos boletos.

5. Fueron al cine. No pudieron entrar.

6. Me muero de sueño. Quiero ver el programa.

7. Se siente mal. No va al doctor.

8. Saca malas calificaciones. Nunca estudia.

E Vuelve a escribir la oración del ejercicio anterior en tu cuaderno y agrégale otra.

Ejemplo: Tiene mucho frío pero no se pone los calcetines **porque** es muy desobediente.

F Has escrito oraciones en las que utilizaste cuatro nexos diferentes. Consulta su significado en el diccionario y explica con tus propias palabras lo que expresa cada uno.

y

pero

porque

por eso

RECUERDA:

> Las oraciones se enlazan entre sí por medio de **nexos**.

G Enlaza las oraciones con el nexo que corresponda (y, pero, porque, por eso). Cópialas después en tu cuaderno.

Ejemplo:　　Castigaron al perro. Rompió un cojín.
　　　　　　Castigaron al perro porque rompió un cojín.

1. Los niños ven la televisión. El bebé toma su botella.

2. No vi a Lucía. No le di el recado.

3. Se cayó de la escalera. No le pasó nada.

4. Lo estaba molestando. La mordió el perro.

5. Llamaron al carpintero. Se rompió la puerta.

6. La noche estaba muy bonita. Hacía mucho frío.

7. Estuvo rayando la pared. Es muy travieso.

8. Se cortó el pelo. Se ve muy bien.

9. El perro está muy agresivo. No lo llevan al día de campo.

10. Jorge no se ha sentido muy bien. No ha visto al doctor.

Sílaba tónica

ATENCIÓN:

alfombra al-**fom**-bra

calendario ca-len-**da**-rio

Lee en voz alta. Escucha las sílabas en negritas. Ya habrás notado que se pronuncian con mayor intensidad. Se les llama sílabas tónicas y no necesariamente llevan acento gráfico.

RECUERDA:

> La **sílaba tónica** es la sílaba que se pronuncia con mayor intensidad en una palabra. Al resto de las sílabas se les llama **átonas.**

En una palabra sólo hay **una** sílaba tónica.

A Marca con un cuadro rojo la sílaba tónica y subraya las sílabas átonas de las siguientes palabras.

1. lejos	2. felicidad	3. carretera
4. oreja	5. sobrino	6. fotos
7. ciudad	8. asistencia	9. vanidoso
10. palacio	11. gises	12. colores
13. maletas	14. suplemento	15. espejo
16. araña	17. espiga	18. velo

19. nublado	20. insecto	21. proyecto
22. oveja	23. poder	24. sacrificio
25. calor	26. corrector	27. sensata
28. clima	29. portal	30. monumento

B Subraya la sílaba tónica de las palabras siguientes. Después, une las partes subrayadas y forma oraciones. Atención a las mayúsculas y los acentos.

Ejemplo:

ésta tenemos hacemos empresario carioca asado beber dicen caverna estirpe cosecha

Es necesario saber divertirse.

1. este atado esclavo peseta maestro teatro abuso arriba tendido asilo mamá

2. en esto ateo casado balón hay uvas canasta hachazo lavaste muy abono anillo estás

3. rayado requiebro aroma raqueta vaivén rogando elástico inválido acaba arreció Néstor

4. Amelia Augusto patada María ánimo cansado taberna índice reforma remate tortilla acaso

5. ente arcón entrada rinoceronte veintiún ábaco avícola abono sarape entra Elsa ciclones set

6. ánade abarca rebaba araña salero Adán España anillo escoge elástico amable María esposo sastre

7. diagnóstico hilo azote vedado añoran Elda aquellos blasones ablanda cómico

_____

8. estas abasto distante rescaté candiles conversa sentido idóneo hacha cocerlo esto tónico

_____

9. América disgusto patada Elmer retraso bache ejotes entre éramos maquila poste

_____

10. anoche mantengo gorra cigarro ganaste dedo hacha conocer nana adagio

_____

C Escribe palabras con la sílaba tónica que se da.

Ejemplo: tud   <u>multitud</u>

car _____   yu _____

tu _____   be _____

jo _____   tre _____

dad _____   ma _____

lu _____   ce _____

mi _____   de _____

sa _____   fa _____

ten _____   gi _____

que _____   ru _____

tor _____   par _____

Cambiar y completar oraciones

(Nexos: pero, aunque, si)

Ya sabemos usar algunos nexos. Vamos a ver otros. Mientras más palabras sepamos emplear, mayores posibilidades tendremos de escribir mejor.

● OBSERVA

El coche está muy sucio **pero** Juan no quiere lavarlo.
Aunque el coche está muy sucio, Juan no quiere lavarlo.

¿Significan lo mismo las dos oraciones?

RECUERDA:

Se puede decir lo mismo de diferentes formas.

A Une las oraciones con los nexos **pero** y **aunque**.

Ejemplo: No tengo ganas de salir. Necesito ir a comprar un cuaderno.

a) No tengo ganas de salir **pero** necesito ir a comprar un cuaderno.

b) **Aunque** no tengo ganas de salir, necesito ir a comprar un cuaderno.

¿Recuerdas por qué usamos una coma en la oración b)?

_____

_____

1. Me gustaría comer tamales. Estoy enfermo del estómago.

a) _____

b) _____

2. Necesito conseguir ese libro. Está agotado.

a) _____

b) _____

3. La carrera está muy reñida. Álvaro va a participar.

a) _____

b) _____

4. No llueve mucho en esa región. Hay pastizales.

a) _____

b) _____

5. Regina quiere tomar clases de baile. La academia está muy lejos.

a) _____

b) _____

6. Los anteojos no me quedan bien. Los necesito.

a) _____

b) _____

B Completa con una oración. Cambia después el orden de las oraciones.

Ejemplo:　　No la llamaría aunque tuviera tiempo.

　　　　　　Aunque tuviera tiempo, no la llamaría.

1. Roberto no saldría _____

_____

2. Yo sí te lo diría _____

_____

3. Carlos no cooperaría _____

_____

4. No llegarían a tiempo _____

_____

5. Rosa no estudiaría _____

_____

6. Manuel y Alberto te llamarían _____

_____

- OBSERVA:

   Puedes llegar a tiempo **si** te apuras.
   Si te apuras, puedes llegar a tiempo.

> El nexo **si** expresa condición.

C Cambia como en el ejemplo.

Ejemplo: Te traeré el libro mañana si lo encuentro.
            Si lo encuentro, te traeré el libro mañana.

1. Iremos a la fiesta si nos dan permiso.

2. Le daré el recado si lo veo en el patio.

3. Toman la medicina si tienen dolor de cabeza.

4. Vamos al estadio si terminamos la tarea.

5. Compraré el libro si me dan dinero.

6. Hacemos el día de campo si deja de llover.

D Ahora vamos a cambiar el tiempo de las oraciones del ejercicio anterior.

Ejemplo: Si lo encuentro, te traeré el libro mañana.
            Si lo encontrara, te traería el libro mañana.
            Si lo hubiera encontrado, te habría traído el libro ayer.

E   Completa las oraciones. Fíjate que se refieren a algo irreal.

Ejemplo: Si yo tuviera la lámpara de Aladino, <u>le pediría una</u>
<u>alfombra mágica para poder volar por todas partes.</u>

1. Si fuera el presidente de la República, _____

_____

2. Si yo fuera inmortal, _____

_____

3. Si mi papá fuera Batman, _____

_____

4. Si fueras un extraterrestre, _____

_____

5. Si yo tuviera un robot, _____

_____

6. Si fueras el hombre lobo, _____

_____

F   Encuentra cinco nexos que hay en la sopa de letras. Escribe una
oración con cada uno de ellos.

A	Z	J	C	K	P	T	R	K	O
I	W	B	X	R	L	S	C	A	L
P	O	R	Q	U	E	A	M	U	V
V	H	K	F	C	W	D	J	N	A
J	R	W	I	Ñ	F	R	H	Q	Z
M	X	O	S	B	D	U	E	U	D
P	G	H	A	Z	F	O	R	E	P
O	Ñ	R	Q	G	T	V	A	X	T
Y	T	A	J	C	I	H	F	M	D

1._____

_____

2._____

_____

3._____

_____

4._____

_____

5._____

_____

G Cambia al negativo y al tiempo pasado.

Ejemplo: Roberto siempre viene a la escuela en camión.

Roberto nunca ha venido a la escuela en camión.

1. A veces yo compro en esa papelería.

2. Alguien sabe mucho en este equipo.

3. Siempre vamos a Chapultepec los domingos.

4. Frecuentemente veo televisión.

5. Todos visitamos el museo.

6. Les gusta mucho la película.

H Escribe oraciones unidas con un nexo (y, pero, aunque, si). Puedes emplear las palabras que se dan u otras que tú decidas.

1. (Luisa-regresar)

2. (Jorge-no pasar)

3. (Todos-estudiar mucho)

4. (La mayoría-no aceptar)

5. (Ese hombre-no respetar)

6. (El animal-desconfiar)

Reglas de acentuación. Palabras agudas, graves y esdrújulas.

En la lección 7 trabajamos y practicamos el reconocimiento de la sílaba tónica.

RECUERDA:

> Las sílabas tónicas se pronuncian con mayor intensidad y no siempre llevan acento gráfico.

A Lee con atención.

Dejó de balancearse en el sillón. Se sintió más pequeña en la habitación luminosa. Pensó que aquello que la debilitaba era una especie de sopor, producto del cansancio y de las noches sin dormir, y que todo intento de levantarse, de avanzar hacia la puerta y salir, era inútil. Hasta ese momento advirtió que había muchos espejos y que aquel, en el que se había visto antes, era el más pequeño, apenas un círculo mínimo colocado como adorno en una de las paredes; una especie de ojo ciego. En uno de los espejos, el cuarto se prolongaba hacia atrás, largo y estrecho, como línea recta, sin término, sin pared que lo contuviera. Trató de calcular la distancia que la separaba de la cama y se le antojó infinita.

La rueca de Onfalia,
JUAN VICENTE MELO.

B Subraya las palabras acentuadas en el texto. Escríbelas a continuación.

_____

_____

_____

_____

_____

Al clasificar las palabras anteriores, habrás observado que el acento gráfico se coloca en diferentes sílabas.

Sobresdrújulas	Esdrújulas	Graves	Agudas
Acento en una sílaba anterior a la antepenúltima	Acento en la antepenúltima sílaba.	Acento en la penúltima sílaba.	Acento en la última sílaba.
pro**bán**doselo	**lá**mina	**fá**cil	emo**ción**

OBSERVA:

hu**cán**   com**pás**   bu**ró**

colec**ción**   An**drés**   cono**cí**

> Llevan acento gráfico las palabras **agudas** que terminan en **n**, **s** o **vocal.**

C   Escribe el acento gráfico en las palabras agudas y subráyalas con una línea.

aparicion	aqui	timon	otro
vaiven	quiza	adios	satin
azul	capataz	dormido	mujer
pais	pasion	holandes	sazon
arroz	ardiente	seleccion	interes
alla	frances	jarron	Juan

D Encuentra otras palabras agudas. Colócalas según su terminación.

Terminadas en **n**	Terminadas en **s**	Terminadas en **vocal**
_____	_____	_____
_____	_____	_____
_____	_____	_____
_____	_____	_____
_____	_____	_____
_____	_____	_____
_____	_____	_____
_____	_____	_____

OBSERVA:

cráter   **lá**piz   **ár**bol

dócil   **án**gel   est**é**ril

> Llevan acento gráfico las palabras **graves**
> que terminan en consonante que no sea **n**
> o **s.**

E Escribe el acento gráfico en las palabras graves que deben llevarlo y subráyalas con dos líneas.

azucar	cadaver	solar	eter
simil	facil	forestal	util
pared	inutil	martir	abril
cancer	caracter	Sanchez	hogar
album	inverosimil	almibar	sutil
movil	ambar	fragil	debil

47

F Escribe las palabras graves con acento gráfico del ejercicio E.

_____ _____ _____

_____ _____ _____

_____ _____ _____

_____ _____ _____

_____ _____ _____

_____ _____ _____

G Escribe otras palabras graves. Usa el diccionario.

_____ _____ _____

_____ _____ _____

_____ _____ _____

OBSERVA:

cómoda   **fá**brica   in**có**gnita

his**tó**rico   **cé**lebre   es**pí**ritu

> Llevan acento gráfico todas las palabras **esdrújulas** y **sobresdrújulas.**

H Escribe el acento gráfico en las palabras esdrújulas y sobresdrújulas.

parasito	lagrima	limite
analisis	unica	sabila
geologo	legitimo	Mexico
crepusculo	rapido	sabado
benevolo	parametro	indigena
optica	arbitro	organico

48

I Lee atentamente el siguiente texto. A continuación, localiza y clasifica las palabras acentuadas en el cuadro correspondiente.

Los técnicos y directivos de la fábrica decidieron que había que cavar un túnel, pues se consideró que era la única forma de resolver la situación que, en ese momento, se veía muy dramática. Llamaron al ingeniero López Rendón, encargado de la obra, quien explicó la avería. "Es de carácter urgente, dijo, iniciar la obra de inmediato, porque la estructura que sostiene la carga se ve ya muy débil". El ingeniero se fue a la obra, asegurando que dispondría cuanto antes todo lo necesario para echar a andar el proyecto.

agudas	graves	esdrújulas	diptongo destruido

J Recorta un artículo de un periódico o de una revista. Subraya las palabras acentuadas, cópialas en tu cuaderno y clasifícalas como en el ejercicio I.

Fíjate que hay otras palabras con acento gráfico que todavía no hemos estudiado. (Ejemplos: qué, quién, más, sí cuál, él, tú, etc.) Por el momento, no las tomes en cuenta.

Escribir y corregir oraciones
(Sinónimos y antónimos)

- OBSERVA

Un **niño** inquieto.	Un **suceso** extraordinario.
Un **chavo** inquieto.	Un **acontecimiento** extraordinario.

Un niño **inquieto**.	Un suceso **extraordinario**.
Un niño **intranquilo**.	Un suceso **excepcional**.

En cada par de oraciones hay dos palabras en negritas. Fíjate que significan lo mismo (niño-chavo, suceso-acontecimiento, inquieto-intranquilo, extraordinario-excepcional). Tú ya sabes que las palabras que significan lo mismo se llaman **sinónimos**.

> Llamamos **sinónimos** a las palabras o expresiones que tienen el mismo significado.

A   Escribe en tu cuaderno las oraciones, sustituyendo por sinónimos las palabras en negritas.

Ejemplo: Vino el **médico** y le mandó que tomara ese jarabe.
          Vino el **doctor** y le ordenó que tomara ese jarabe.

1. Sacaron el **coche** sin **permiso**.

2. Estuvieron **cocinando** para la **fiesta**.

3. A esa **chava** le **regalaron** un collar.

4. Ese **pensamiento** lo dejó muy **alterado**.

5. Lo hicieron **explotar** con **dinamita**.

6. Lo **embaucaron** por **envidia**.

7. El gobierno de ese **país** actúa de manera **arbitraria**.

8. Pudieron **subsistir** en la **cordillera** a pesar del mal tiempo.

B Relaciona la columna de la izquierda con los sinónimos de la derecha.

(4) pared   1. desencanto
(9) teñida   2. trabajo
(6) regresar   3. complejo
(7) cansado   4. muro
(1) desilusión   5. habituado
(10) camarada   6. volver
(3) complicado   7. fatigado
(2) empleo   8. caminar
(8) andar   9. pintada
(5) acostumbrado   10. amigo

C Escribe una oración con cada par de palabras del ejercicio anterior.

Ejemplo: 1. Construyeron una pared en el patio de la escuela.
Construyeron un muro en el patio de la escuela.

2. _____
3. _____
4. _____
5. _____
6. _____
7. _____
8. _____
9. _____
10. _____

• ¿SABES PARA QUÉ SIRVEN LOS SINÓNIMOS?

Fíjate en estos ejemplos:

Limpia la medalla con el **limpiador** de metales.
Mario **canta canciones** venezolanas.

Si queremos que esas oraciones estén bien escritas, debemos evitar las repeticiones que tienen. Podemos cambiar una de las palabras por un sinónimo.
Así:

Pule la medalla con el **limpiador** de metales.
Mario **canta melodías** venezolanas.

> Empleamos **sinónimos** para evitar las repeticiones en un escrito, para darle variedad y riqueza a nuestra expresión.

D Corrige el estilo de las oraciones. Usa el diccionario.

Ejemplo: Me dio un cabezazo con la cabeza.

Me dio un golpe con la cabeza.

1. Se fueron caminando por el camino.

2. María Luisa se enfermó de una enfermedad tropical.

3. A mí me gusta leer lecturas sobre los robots.

4. Ayer comimos comida china.

5. Siempre se visten con vestidos de algodón.

6. Voy a desmanchar mi uniforme con el quitamanchas.

E Escribe lo contrario.

Ejemplo: Fuimos por un camino **fácil** y **llano**.
Fuimos por un camino **difícil** y **escabroso**.

1. Este trabajo es entretenido y útil.

_____

2. El hombre es joven y bastante sano.

_____

3. El ambiente está hoy más limpio y claro.

_____

4. El vestido de Lorena es corto y bonito.

_____

5. La exposición de pintura me pareció completa y organizada.

_____

6. Ese programa de la tele es malo y largo.

_____

F Encuentra en la sopa de letras los antónimos que corresponden a las palabras de la lista.

Y	K	M	D	I	V	E	R	T	I	D	O
O	P	T	H	A	N	T	E	R	I	O	R
R	L	S	B	Q	O	J	S	T	R	K	A
A	I	R	A	L	F	W	T	U	L	C	P
L	C	W	T	J	C	H	O	K	C	B	I
C	A	L	I	E	N	T	E	I	F	I	D
H	F	Ñ	Q	J	L	Ñ	Z	S	A	N	O

1. enfermo _____
2. difícil _____
3. tedioso _____
4. posterior_____
5. lento _____
6. oscuro _____
7. limpio _____
8. frío _____

G Escribe oraciones con los pares de palabras.

Ejemplo: 1. enfermo-sano

Rolando era muy sano antes, pero ahora está enfermo.

2. claro-oscuro

_____

3. principio-fin

_____

4. rápido-lento

_____

5. cerca-lejos

_____

6. contento-triste

_____

7. chico-grande

_____

8. frío-caliente

_____

H Relaciona las columnas. Añade un nexo para unir las ideas y agrega una idea nueva.

Ejemplo: Carla está muy molesta. No la eligieron para el equipo.

Carla está muy molesta porque no la eligieron para el equipo, a pesar de que es una de las mejores jugadoras.

1. Jorge no va a venir.   4. Hace mucho frío.
2. Fuimos a un concierto.   5. Fue imposible hacer los dibujos.
3. Se fue la luz.   6. No le dieron permiso.

11 Acentuación de verbos

OBSERVA:

escri**bía**	vi**vía**	vivi**ría**	escribi**ría**
escri**bías**	vi**vías**	vivi**rías**	escribi**rías**
escri**bía**	vi**vía**	vivi**ría**	escribi**ría**
escri**bíamos**	vi**víamos**	vivi**ríamos**	escribi**ríamos**
escri**bían**	vi**vían**	vivi**rían**	escribi**rían**

¿Puedes decir a qué tiempo corresponden las formas verbales que acabas de leer?

FÍJATE:

> Llevan acento gráfico todas las formas del **copretérito** y del **pospretérito** de indicativo de los verbos terminados en **er o ir**

A Conjuga los verbos en las tres personas del singular.

	COMPRENDER		SENTIR	
	copretérito	pospretérito	copretérito	pospretérito
1a.				
2a.				
3a.				
	VESTIR		NACER	
1a.				
2a.				
3a.				

OBSERVA:

escu**ché**	ven**dí**	reci**bí**
escu**chó**	ven**dió**	reci**bió**

¿A qué tiempo corresponden estas formas verbales?

FÍJATE:

> Llevan acento gráfico la **1a.** y la **3a.** personas del **singular** del **pretérito de indicativo,** de los verbos regulares.

B Completa el cuadro con las formas verbales correspondientes.

Ejemplo: VOLAR volé
                              voló

	LOGRAR	ESPERAR	COMPRAR	ESCONDER
yo				
él				
	ENTRAR	ABRIR	DORMIR	SURTIR
yo				
él				
	SOÑAR	MOSTRAR	GANAR	PINTAR
yo				
él				

C Practica en tu cuaderno la conjugación de los verbos PERDER, ADMIRAR y CONFUNDIR en pretérito de indicativo.

OBSERVA:

preguntar**é**   volver**é**   ped**iré**
preguntar**ás**   volver**ás**   ped**irás**

¿A qué tiempo corresponden estas formas verbales?

FÍJATE:

Llevan acento gráfico todas las personas del **futuro de indicativo,** excepto la 1a. persona del plural.

D Conjuga los siguientes verbos en futuro de indicativo.

	ORDENAR	APARTAR	CONDENAR
yo			
tú			
él			
nosotros			
ustedes			
ellos			
	COMPRENDER	COMETER	EXTENDER
yo			
tú			
él			
nosotros			
ustedes			
ellos			
	REPETIR	SURGIR	CONDUCIR
yo			
tú			
él			
nosotros			
ustedes			
ellos			

E Completa las oraciones con la forma verbal adecuada.

1. A pesar de que leyó varias veces el examen, Sergio no

   _____ las preguntas.
   ENTENDER

2. El próximo año escolar, Rocío ya no _____ en esta
   ESTAR

   escuela.

3. ¿Cómo se _____ Míriam para el desayuno de
   VESTIR

   fin de cursos del año pasado?

4. En la primaria, Raúl _____ varias veces en los
   PARTICIPAR

   torneos de atletismo.

5. Antes Ricardo no _____ sus tareas porque no
   HACER

   _____ el libro de redacción.
   TENER

6. Hace años mi mamá _____ en esa colonia, ahí _____
   VIVIR   CONOCER

   a la familia de Rodolfo.

7. Todo el mundo _____ miedo, pero yo ni _____ ni
   SENTIR   ASUSTARSE

   _____ .
   GRITAR

8. Siempre que _____ nos_____ salir a
   LLOVER   PROHIBIR

   jugar.

Escribir oraciones
(Concordancia)

- OBSERVA

hojas sueltas   ejército valeroso
cepillo dental   grupo emocionado
letra cursiva   manada numerosa

Tú ya sabes que hay sustantivos que se refieren a varios objetos, personas o animales. Sabes también que se llaman **colectivos**. ¿Puedes decir en cuál de las dos listas hay sustantivos colectivos? Ahora, fíjate muy bien:

Un ejército valeroso luchó por la patria.

Aunque el sustantivo **ejército** se refiere a muchos soldados, es singular, y los adjetivos y el verbo que lo acompañan también van en singular.

A Separa de la espiral los sustantivos colectivos de los individuales y escríbelos en las líneas.

orquesta tropa teléfono radio multitud jarro parvada bote mayoría lápiz pintura ejército escalera muchedumbre edificio arboleda

Sustantivo individual   *Sustantivo colectivo*

_____   _____

_____   _____

_____   _____

_____   _____

B Escribe una oración en singular con cada uno de los colectivos que encontraste en la espiral. Cámbiala después al plural.

Ejemplo: La orquesta estuvo tocando hasta la madrugada.

Las orquestas estuvieron tocando hasta la madrugada.

1. _____

2. _____

3. _____

4. _____

5. _____

6. _____

7. _____

• ATENCIÓN:

Estos son ejemplos de mala redacción.

a) La **multitud**, jóvenes y adultos, **aplaudieron** mucho rato.

b) La **arboleda**, árboles secos y viejos, **parecían** abandonados.

Corregimos el ejemplo a)

"La multitud" es singular. El verbo entonces debe ser singular también: La multitud aplaudió.

La frase "jóvenes y adultos" es una explicación o ampliación de "multitud" quiere decir "multitud formada por jóvenes y adultos".

El ejemplo a) queda así:

La multitud, jóvenes y adultos, aplaudió mucho rato

C Corrige el ejemplo b) y escríbelo de nuevo.

D Vuelve a escribir las oraciones siguientes eliminando las faltas de concordancia.

Ejemplo: El personal, irritados y molestos, pidieron ver al director.
El personal, irritado y molesto, pidió ver al director.

1. El grupo, en desorden, sucios y gritando, entraron a la oficina.

2. El conjunto, dos guitarras, una batería y un cantante, tocaron toda la noche.

3. El equipo de mi escuela, jugadores y entrenadores, celebraron el triunfo.

4. La tropa, ansiosos por saber, esperaban la información.

5. El gentío, hombres, mujeres y niños, se apretujaron frente al estadio.

6. La biblioteca, libros, revistas y periódicos, son muy útiles.

7. La multitud, aficionados y fanáticos, destrozaron los árboles.

8. El ejército, motociclistas y soldados, participaron en el desfile.

E Marca con un color un componente de cada columna, para formar una oración. Escribe abajo las oraciones. No olvides que la oración que explica va entre comas.

La arboleda	incansable y entusiasta	adornaba la entrada.
Esa calle	ancho y cómodo	conduce al banco.
El tumulto	sombreada y frondosa	escuchó la sentencia.
El sillón	atento y decidido	amenizó la reunión.
La orquesta	alumbrada y angosta	se colocó en tu cuarto.

1. _____

2. _____

3. _____

4. _____

5. _____

• ATENCIÓN

Un grupo de alumnos **llegó** gritando.
La mitad de los maestros no **quiso** opinar.
Una gran parte de mis amigos **fue** a mi casa.
El resto de los compañeros **salió** antes.

F Entre las oraciones que se dan a continuación hay tres que están mal escritas. Tienen un error de concordancia. Encuéntralas y vuélvelas a escribir.

Un grupo de excursionistas se perdieron en las faldas del volcán.

Sólo el 15% de los alumnos apoya la candidatura de Rodrigo.

La mayoría de mis clases son muy fáciles.

Una gran cantidad de pájaros llegaron durante la primavera.

La totalidad de las oraciones está bien redactada.

1. _____

2. _____

3. _____

G Construye oraciones. Recuerda que el verbo va en singular.

Ejemplo: (un buen número)
Un buen número de alumnos estuvo ausente en la ceremonia.

1. (una parte) _____

2. (el total) _____

3. (el 20%) _____

4. (una gran cantidad) _____

5. (la mayor parte) _____

6. (la mitad) _____

7. (la mayoría) _____

8. (la totalidad) _____

H Corrige y vuelve a escribir añadiendo otra idea.
Ejemplo: Más de la mitad de los participantes no dijeron nada.
Más de la mitad de los participantes no dijo nada porque les dio
miedo opinar.

1. Casi nadie, entre el público, notaron el cambio de actor.

2. Una multitud enardecida celebraron el triunfo.

3. Aproximadamente el 30% de los asistentes llegaron tarde.

4. No creo que hayan asistido el total de los invitados.

Revisión de sílaba y acentuación

Practica lo aprendido:

A Encuentra las palabras que hay en los círculos. Sigue la flecha y localiza las palabras saltando un cuadro. Clasifícalas después de acuerdo con su número de sílabas.

Monosílabas	Bisílabas	Bisílabas	Trisílabas	Polisílabas

B Coloca el acento en las palabras que deban llevarlo.

agil	chicharo	honradez	mecanico
aguila	frio	itinerario	tranvia
balsamo	escasez	jabon	cafe
Cozumel	fabrica	lamina	Raul
cantaro	gelatina	loteria	salubridad

C Coloca el acento donde sea conveniente.

1. Si estudias, triunfaras en la vida.

2. Cuando volvi, todo habia terminado.

3. El maguey tiene puas.

4. ¿ Ya leiste ese periodico?

5. Nadie comprendio lo que decia Raul.

6. Saul es ingeniero en computacion.

7. Todos cantabamos cuando nos lo indicaban.

8. Mi tio tiene veintiun años.

9. Llegariamos a tiempo si tuvieramos bici.

10. Tuvimos varios examenes el miercoles.

D Enlista las palabras con acento ortográfico y escribe delante de ellas: A, si es aguda; G, si es grave y E, si es esdrújula.

14 Añadir información
(Nexos: quien, quienes)

A Vamos a explicarnos mejor, añadiendo información.

Decimos, por ejemplo: La blusa es de algodón.

Pero queremos decir muchas cosas más sobre la blusa. Entonces, las añadimos.

La blusa del uniforme **que** me prestó Susana es de algodón.

Ejemplo: El libro es interesante.

El libro de Biología que saqué de la biblioteca es interesante.

1. El cuaderno está sucio.

_____

2. La medicina es cara.

_____

3. El carpintero es muy cumplido.

_____

4. Los documentos están sobre la mesa.

_____

5. La clase me pareció amena.

_____

6. El material es muy completo.

_____

B Forma una oración.

Ejemplo: La señora es su tía.

La señora tiene un vestido rojo.

La señora está sentada ahí.

La señora del vestido rojo que está sentada ahí es su tía.

o Es su tía la señora del vestido rojo que está sentada ahí.

1. La pluma está descompuesta.

La pluma es negra.

Luis me prestó una pluma.

_____

2. Los vasos se rompieron.

Los vasos son de vidrio rojo.

La señora Ríos trajo los vasos para la fiesta.

_____

3. La casa es muy agradable.

La casa es de Carlos.

La casa está enfrente del parque.

_____

4. Los zapatos me molestan.

Los zapatos son para jugar futbol.

Compré los zapatos ayer.

_____

5. El programa es interesante.

El programa es a las siete.

El programa le gusta mucho a Santiago.

_____

6. El perro ladra mucho.

El perro es de Elena.

El perro está amarrado.

_____

C Encuentra una palabra equivalente para la oración en negritas.

Ejemplo: El pobre perro **que tenía mucha hambre** se robó un pan.

El pobre perro **hambriento** se robó un pan.

1. La maestra **que no está en este momento** se llama Araceli.

_____

2. Una rata **que tenía rabia** asustó a varias personas.

_____

3. La compañera **que está enferma de anginas** no vino hoy a la escuela.

_____

_____

4. La mujer **que grita tanto** no es muy bien educada.

_____

5. Esa casa **que está pintada de amarillo** es una biblioteca para jóvenes.

_____

_____

6. Rescataron a los pescadores **que se habían perdido** en el mar.

_____

¿Cuál de las dos oraciones de este ejercicio te parece mejor redactada? ¿Por qué? Coméntalo con tu maestro y tus compañeros.

D Cambia la palabra en negritas por una oración. Trata de que sea larga y explícita.

Ejemplo: El ternero **ahogado** era de un campesino.

El ternero **que** se ahogó en el río ayer en la noche, era de un campesino.

ATENCIÓN

> Cuando el sujeto de una oración es largo y compuesto por varias ideas, puede separarse del predicado con una coma.

1. El niño **accidentado** llamaba a sus papás.

2. El queso **descompuesto** causó la enfermedad de varias personas.

3. Apareció al cabo de unas horas el perro **perdido**.

4. La barda **pintada** se derrumbó.

5. El edificio **inundado** tiene muchos daños.

6. Abrieron ayer el negocio **clausurado**.

Tú ya notaste que:

> La palabra **que** es un **nexo** que introduce otra oración. Fíjate que se usa con **personas o cosas.**
> El **libro** que trajo María
> El **niño** que llegó tarde.

E Redacta una oración y después una pregunta. Usa los nexos **quien, quienes** precedidos de la preposición que corresponda (**a, para, de, con, en, por**).

Ejemplos: Le pedí el diccionario **a** un compañero.

El compañero **a quien** le pedí el diccionario se llama Gerardo.

¿Cómo se llama el compañero **a quien** le pediste el diccionario?

Nos hablaron **de** los hombres prehistóricos.

Los hombres **de quienes** nos hablaron vivieron hace muchísimos años.

¿Cuándo vivieron los hombres **de quienes** les hablaron?

1. Lo vimos hablando **con** una muchacha bonita.

2. Tenía mucha confianza **en** ese amigo.

3. Estuvieron preguntando **por** tu prima Eva.

4. Le dije el secreto **a** mi compañera.

5. Hablaron **con** una enfermera.

6. Conseguí un boleto **para** un amigo.

FÍJATE

Quien o **quienes** es un nexo que sólo se usa con **personas.**

F Completa. Usa **con quien(es), a quien(es), de quien(es), para quien(es), por quien(es).** Escribe después la oración completa.

Ejemplo: El alumno _____ preguntan está en la dirección.

El alumno por quien preguntan está en la dirección.

1. Los maestros _____ te hablé van a venir en la tarde.

_____

2. El compañero _____ voy a competir es el primero del salón.

_____

3. Los amigos _____ invité no van a venir.

_____

4. Las vecinas _____ están preguntando son amigas de mi mamá.

_____

5. La compañera _____ traje los libros ya se fue.

_____

6. Las personas _____ preguntan no están aquí.

_____

7. El maestro _____ preparé el trabajo no vino hoy.

_____

8. Voy a ver quiénes son los chavos _____ está hablando Roberto.

_____

15 Mayúsculas

A Lee con atención.

Alina Reyes de Aráoz y su esposo llegaron a Budapest el 6 de abril y se alojaron en el Ritz. En la tarde del segundo día Alina salió a conocer la ciudad y el deshielo.

Bestiario,
JULIO CORTAZAR

RECUERDA:

Las letras **mayúsculas** se usan al principio de un escrito, con nombres propios de personas y lugares, y después de un punto.

B Pega tu foto y las de dos amigos. Escribe los nombres y los apellidos de cada uno.

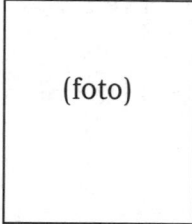 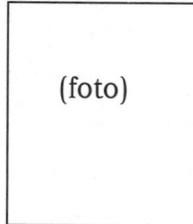 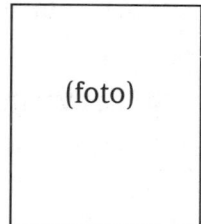

(foto) (foto) (foto)

C Escribe los nombres de estos monumentos.

72

D Identifica los estados de la República Mexicana. Escribe sus nombres en orden alfabético.

FÍJATE:

- Esta obra es de Diego Rivera y se expone en el Instituto Nacional de Bellas Artes.

- Durante el mes de julio se celebrará el Festival Internacional de Títeres.

RECUERDA:

> Se escriben con **mayúscula** los nombres propios de animales, instituciones, tiendas, cines, parques, calles, etc.

E Vamos a jugar "¡Basta!" con el objeto de practicar el uso de las mayúsculas en los nombres propios.

Se puede jugar de varias maneras. Se sugiere que el grupo se divida en dos equipos: A y B. Un alumno de cada uno pasará al frente. El del A recitará el alfabeto hasta que el otro lo interrumpa diciendo, "¡basta!" El alumno del equipo A deberá entonces decir los nombres que se piden; éstos deben empezar con la letra en que se interrumpió el alfabeto. Cada respuesta vale 20 puntos. Se cambian los alumnos y se vuelve a empezar el juego. El equipo ganador será el que acumule más puntos.

| Tiendas | Animales | Cines | Instituciones | Calles |

A medida que se desarrolla el juego, todos los alumnos deben ir escribiendo los nombres que se digan. Al terminar la actividad, los alumnos revisarán su trabajo, antes de intercambiarlo con el de un compañero para proceder a su evaluación dentro del salón de clase.

F En la carta siguiente se suprimieron intencionalmente las mayúsculas. Agrégalas y escribe otra vez la carta.

tuxpan, ver., 2 de agosto de 1997.

amiga querida:

antes que nada quiero decirte que me acuerdo de tu cumpleaños. ¡muchas felicidades! ¿qué tal la estás pasando por allí? me lo imagino. no sabes cuánto pienso en ti, en la gran experiencia que estás viviendo, en todo lo que significa estar tan cerca de cosas nuevas y desconocidas. yo, todos los días siento más no haber podido aceptar la invitación de tus abuelos. de veras, no sabes lo que te extraño y lo que lamento no estar allí. pero tú sabes, razones de fuerza mayor... ya supondrás cómo me la estoy pasando: estudio mañana, tarde y noche. mi mamá está muy enérgica porque en la escuela le dijeron que si no paso el extraordinario tendré que repetir el año. pero el más difícil es mi papá. sé que tiene razón y todo eso, pero siento que es demasiado castigo. sólo te cuento que no me dejan ni ver la tele. pero, en fin, como algo bueno tiene que salir de todo eso, ya estoy hecha toda una experta en español, ortografía y redacción. ¿no lo notas en mi carta? espero que sí, porque la verdad, he aprendido mucho. otra cosa que he aprendido es que nunca volveré a flojear, pues otras vacaciones como éstas no las quiero.

bueno chava, me tengo que ir, ya sabes a qué. recibe otra vez mis felicitaciones y un abrazotototote de tu amiga

claudia

_____

_____

_____

_____

_____

_____

_____

_____

_____

_____

_____

_____

_____

_____

_____

_____

_____

_____

_____

_____

_____

_____

G Recorta un artículo del periódico o de una revista y encierra en un círculo rojo los nombres propios y las mayúsculas después del punto.

Agregar oraciones
(Nexos: como, cuando, donde)

- Ahora vamos a emplear otros nexos: **cuando, donde** y **como**.

A   Agrega una oración larga y compleja. Usa el nexo **cuando**.

Ejemplo: Estábamos muy entretenidos con la tele.

Cuando llegaron mis vecinos **que** habían oído el ruido, estábamos muy entretenidos con la tele.

Estábamos muy entretenidos con la tele **cuando** llegaron mis vecinos **que** habían oído el ruido.

1. Yo tenía sólo seis años.

_____

_____

2. Vinieron mis abuelos.

_____

_____

3. Estábamos en exámenes semestrales.

_____

_____

4. Pensé que no nos iba a dar tiempo.

_____

_____

5. Elena todavía no conocía a Jorge.

_____

_____

6. Todo mundo estaba en el patio.

_____

_____

B Agrega una oración. Usa **donde**. Escribe después la oración completa.

Ejemplo: El terreno _____ es muy grande.
El terreno donde construyeron la escuela es muy grande.

1. La casa _____ está cerrada desde
entonces.

_____

_____

2. El lugar _____ es muy húmedo.

_____

_____

3. Los terrenos _____ son propiedad de la
escuela.

_____

_____

4. La jaula _____ está muy bien
custodiada.

_____

_____

5. Las cajas _____ se quedaron deteni-
das en la aduana.

_____

_____

6. El país_____ queda en el centro de
África.

_____

_____

C Completa con una oración. Usa **como.** Vuelve a escribir la oración completa.

Ejemplo: Hicimos el análisis del cuento.

Hicimos el análisis del cuento **como** nos dijo el maestro Juan.

1. Clavamos el cuadro _____

_____

2. Masticamos muy bien la comida _____

_____

3. Durante la competencia jugamos _____

_____

4. El director nos explicó la forma _____

_____

5. Usamos el taladro _____

_____

D Forma una oración con las tres que se dan. Usa los nexos **que, quien, como, donde, cuando, porque,** etc.

Ejemplo: El maestro está en el hospital.

El maestro tuvo un accidente.

En ese hospital estuve yo.

El maestro que tuvo un accidente está en el hospital donde estuve yo.

1. La señora vivía en un edificio.

   La señora avisó a la policía.

   En ese edificio se escondieron los ladrones.

   _____

2. Ernesto está de mal humor.

   Invité a Ernesto a jugar futbol.

   Llueve mucho y no podemos salir.

   _____

3. Puse el libro en el librero.

   Me lo pidió el maestro.

   Después no lo encontré.

   _____

4. Mi hermana va a esa escuela.

   Mi hermana ganó el concurso de Ortografía.

   A esa escuela fui yo.

   _____

5. Mis compañeros se escondieron en el patio.

   Mis compañeros estaban muy asustados.

   En ese patio me escondí yo.

   _____

6. El empleado no se siente bien.

   Le di los papeles al empleado.

   El empleado duerme muy poco.

   _____

E Completa con **que** o **quien**(es). Vuelve a escribir las oraciones.

1. La niña_____te presenté es hija de una tía mía _____vive cerca de tu casa.

   _____

   _____

2. Necesitas arreglar tu calificación con la secretaria _____está en la dirección, con_____ya habías hablado del asunto.

   _____

   _____

3. El regalo no es para _____te estás imaginando; para _____ lo sepas, es para ti.

   _____

   _____

4. Los chavos de_____te hablé no van a poder venir a jugar hoy.

   _____

   _____

5. El maestro_____va a sustituir a Margarita es muy agradable.

   _____

   _____

6. El entrenador_____contrataron para el básquet tiene una hija_____es campeona nacional.

   _____

   _____

7. Quiero ver a las personas_____van a nombrar el jurado.

   _____

8. Nos van a presentar a Mauricio y a Jorge _____forman parte del equipo ganador.

   _____

   _____

9. El señor Ruiz,_____fue presidente de la Sociedad de Alumnos, está muy enfermo.

_____

_____

10. Que levanten la mano_____no hayan traído los materiales para el taller_____se abrirá hoy.

_____

_____

F Localiza en un periódico o revista diez ejemplos en los que se empleen los nexos que acabas de practicar (**que, quien(es), donde, cuando, como**). Explica su empleo.

_____

_____

_____

_____

_____

_____

_____

_____

_____

_____

_____

_____

_____

_____

_____

_____

Más usos de mayúsculas

A Lee con atención.

La última entrega de los Óscares estuvo igual de animada que en años anteriores. ¡Claro!, no podía faltar la remembranza de las películas que han hecho historia: La Novicia Rebelde, Doctor Zhivago, La Guerra de las Galaxias, etc. En esta ocasión la parte musical estuvo a cargo de Richard Clayderman quien interpretó El Tema de Lara, entre otras melodías.

RECUERDA:

> Se escribe con **mayúscula** la primera letra de los nombres de películas, revistas, periódicos y obras musicales.

Sin embargo, el uso de la mayúscula en estos casos se ha vuelto vacilante. Es frecuente (tal vez por la influencia del inglés) ver que se emplea mayúscula en todas las palabras, excepto las que son muy cortas (artículos, preposiciones, conjunciones, pronombres,etc.)

FÍJATE:

La novicia rebelde

La Novicia Rebelde

La primera es correcta de acuerdo con la gramática. La segunda es aceptada por el uso. Practica las dos formas. Pero asegúrate que el empleo que haces de las mayúsculas o las minúsculas en estos casos, sea sistemático.

Evita usos como éstos:

~~La novicia Rebelde~~   ~~La Novicia rebelde~~

B   Dibuja un personaje y escribe su nombre.

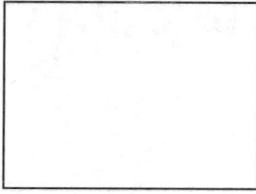

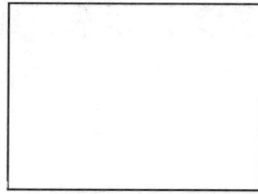

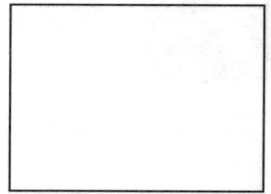

_____   _____   _____

C   Para resolver este ejercicio debes hacer una práctica de campo. Vas a preguntarles a tus amigos, familiares y maestros por sus periódicos y revistas preferidos y los vas a escribir en las líneas.

Nombre del encuestado   **Periódico**   **Revista**

1._____   _____   _____

2._____   _____   _____

3._____   _____   _____

4._____   _____   _____

5._____   _____   _____

D   Ordena alfabéticamente los nombres de cinco canciones con sus respectivos intérpretes.

1._____

2._____

3._____

4._____

5._____

E Lee cuidadosamente.

Durante el mes de julio se llevaron a cabo las pláticas entre el Presidente del Banco Interamericano, el Ciudadano Gobernador del Estado de Chihuahua y el Secretario de la Suprema Corte de Justicia en el Salón Diamante del Palacio Municipal.

RECUERDA:

> Se escriben con **mayúscula inicial** los nombres de los cargos importantes y los de las instituciones.

Fíjate que en los nombres de las instituciones públicas o privadas, sólo se escriben con mayúscula los sustantivos y los adjetivos.

F Cambia por letra mayúscula donde sea conveniente.

instituto nacional de antropología e historia

director técnico del colegio carmel

instituto nacional de enseñanza para adultos

presidente de la junta de vecinos de tlalpan

su majestad, la reina sofía

universidad nacional autónoma de méxico

academia nacional de investigación científica

casa de la cultura de san ángel

secretaría de educación pública

centro de investigación y estudios avanzados

G Lee atentamente.

La OEA (Organización de Estados Americanos) en coordinación con la ANUIES (Asociación de Universidades e Institutos de Enseñanza Superior) realizará una labor de intercambio cultural en los últimos años del siglo XX y los primeros del XXI.

RECUERDA:

> Se escriben con **mayúscula** los **números romanos**, las **abreviaturas** y las **siglas**.

H Completa el cuadro.

Instituto Mexicano del Seguro Social	_____
_____	ENP
Partido Revolucionario Institucional	_____
_____	FIFA
Instituto Mexicano de la Radio	_____
_____	CANACINTRA
Instituto Politécnico Nacional	_____

I Haz una lista en orden alfabético con las abreviaturas y escribe su significado a la derecha. Trabaja en tu cuaderno.

Ilmo.	Nal.	Cía.	Ed.	Reg.
Gto.	Ave.	Rep.	Edo.	Col.

J Trabaja como en el ejercicio H.

Querétaro _____	_____ Dgo.
_____ Tel.	Licenciado _____
Arq. _____	_____ Calz.
_____ Ing	Atentamente _____
Profesora _____	_____ Gmo.

K Escribe con números romanos.

1940 _____	1988 _____	1952 _____
320 _____	155 _____	230 _____
515 _____	68 _____	409 _____
172 _____	94 _____	623 _____
1940 _____	1988 _____	1952 _____
320 _____	155 _____	230 _____
515 _____	68 _____	409 _____
172 _____	94 _____	623 _____

Escribir texto breve

A Escribe un texto. Usa **es**, **está**, **tiene**.

Ejemplo: (jirafa)

Es una jirafa joven que nació el mes pasado. **Está** en el zoológico. **Tiene** un poco de miedo porque hay mucho ruido.

1. (profesor de gimnasia)

_____

_____

2. (esqueleto de un dinosaurio)

_____

_____

3. (cohete que fue a la Luna)

_____

_____

4. (mi hermana)

_____

_____

5. (balón de futbol)

_____

_____

6. (museo importante)

_____

_____

7. (volcán nevado)

_____

_____

8. (club deportivo)

_____

_____

B Cambia al plural los textos del ejercicio anterior.

CUIDADO:

Hay que hacer varios cambios. Observa el ejemplo con atención.

Ejemplo: **Son** unas jirafas jóvenes que nacieron el mes pasado. **Están** en el zoológico. **Tienen** un poco de miedo porque hay mucho ruido.

1. _____

   _____

2. _____

   _____

3. _____

   _____

4. _____

   _____

5. _____

   _____

6. _____

   _____

7. _____

   _____

8. _____

   _____

C Escribe un texto. Usa **Es, parece. Es necesario** (importante, conveniente, recomendable, aconsejable, útil,etc.)

Ejemplo: (un terreno baldío)

Es un terreno baldío, pero **parece** un basurero porque todos avientan ahí la basura. **Es necesario** limpiarlo y conservarlo así.

1. (un campo de futbol)

_____

_____

2. (un arma de juguete)

_____

_____

3. (un buen muchacho)

_____

_____

4. (un perro manso)

_____

_____

5. (una persona inofensiva)

_____

_____

6. (hacienda antigua)

_____

_____

7. (hospital grande)

_____

_____

8. (escalera rota)

_____

_____

D Cambia al plural los textos del ejercicio C.

Ejemplo: **Son** unos terrenos baldíos, pero **parecen** basureros porque todos avientan ahí la basura. Es necesario **limpiarlos** y **conservarlos** así.

1.

2.

3.

4.

5.

6.

7.

8.

E Escribe un texto. Usa **Está…, aunque. Si**

Ejemplo: (Jorge ve la televisión.)

Jorge **está viendo** la televisión **aunque** no debería porque tiene mucha tarea. **Si** sigue así, va a reprobar Biología.

1. (Teresa come muchas galletas.)

_____

_____

2. (La muchacha oye discos.)

_____

_____

3. (La enfermera habla por teléfono.)

_____

_____

4. (El maestro saca unas fotocopias.)

_____

_____

5. (Mariana toma clases de danza.)

_____

_____

6. (El cartero platica mucho.)

_____

_____

7. (Ernesto duerme aquí.)

_____

_____

8. (Lucía pierde el tiempo.)

_____

_____

F Cambia al plural los textos del ejercicio anterior.

Ejemplo: Jorge y Graciela **están viendo** la televisión **aunque** no deberían porque tienen mucha tarea. **Si** siguen así, van a reprobar Biología.

1. _____

2. _____

3. _____

4. _____

5. _____

6. _____

7. _____

8. _____

G Escribe un texto que responda a las siguientes preguntas.
¿Quién es? ¿Qué estará haciendo?

Ejemplo: (la novia de Rodrigo)

Es la novia de Rodrigo. Se ha de estar pintando las uñas porque es muy presumida, aunque debería estar leyendo unos cuentos porque mañana le toca participar a su equipo en la clase de lectura.

1. (el jardinero)

_____

_____

_____

2. (la cajera de la tienda)

_____

_____

_____

3. (el perro de mis vecinos)

_____

_____

_____

4. (la novia de Supermán)

_____

_____

_____

5. (el heladero)

_____

_____

_____

Usos de B

A   Lee con atención.

No quería **abrir**. Había oído al **hombre** subir la escalera y sentía que **acechaba** detrás de la puerta. La luz **brillaba** por una rendija, la mujer oía la respiración del **hombre**, y **probablemente** él también **escuchaba** la suya. Un leve **temblor** recorrió todo su cuerpo. **Trataba** de escuchar pero no oía nada.

Ya te diste cuenta de que en esta lección vamos a trabajar con palabras que llevan **b**.

FÍJATE:

> Se usa **b** antes de **r** y **l**: **bra, bla**.

B   Completa según convenga.

bra-bla	bre-ble	bri-bli	bro-blo	bru-blu
ca _____	so _____	_____ llante	hom_____	_____ no
ha _____	em ___ ma	o ___ cuo	ha _____	_____ sa
ce _____	ama _____	a ___ r	_____ cha	_____ ma
hem _____	ca _____	_____ ndado	li _____	_____ sco
_____ són	cum _____	co___ zo	_____ ma	_____ ja

• Escribe varias veces las palabras de arriba.

C   Escribe palabras con **br**. Usa el diccionario.

bra	bre	bri	bro	bru
Brasil	breve	abril	rubro	Bruselas
_____	_____	_____	_____	_____
_____	_____	_____	_____	_____
_____	_____	_____	_____	_____
_____	_____	_____	_____	_____
_____	_____	_____	_____	_____

D Forma frases con las sílabas que se dan.

Ejemplo: blu-bla   blusa blanca _____

bri - bro   _____

bla - bru   _____

bre - ble   _____

blo - bra   _____

E Hacemos familias de palabras.

Ejemplo:

bruja	brujería
	embrujar
	brujita

sombra	

cobro	

cable	

palabra	

breve	

pobre	

F Lee atentamente.

El señor Larios, **bisabuelo** de Rosa es **bilingüe**: habla español e inglés. El señor Larios vive en Canadá y vendrá de vacaciones a México en el primer **bimestre** de 1997. Rosa, su **bisnieta**, está ansiosa por demostrarle que ya sabe andar en **bicicleta**.

FíJATE:

> Se usa **b** con **bi, bis, biz** cuando significan dos o doble.

G Repite tres veces las palabras en negritas.

_____   _____   _____

_____   _____   _____

_____   _____   _____

_____   _____   _____

H Escribe otras palabras con **bi, bis, biz**. Usa el diccionario.

bi _____   bis _____   biz _____

I Localiza en la sopa de letras las palabras correspondientes a los significados de la derecha.

B	I	S	I	L	A	B	A	M	P	Q	B
I	A	N	F	Z	K	M	B	R	L	Z	I
C	H	C	B	I	N	O	M	I	O	D	A
I	U	W	I	I	A	Z	H	L	Ñ	R	N
C	S	B	N	T	F	E	J	F	I	O	U
L	B	U	O	B	I	A	L	W	K	R	A
E	N	U	C	X	Y	J	S	B	M	Ñ	L
T	L	Ñ	U	N	E	T	C	I	C	O	F
A	F	G	L	I	S	Y	B	V	C	P	Z
C	U	F	A	R	X	A	K	D	G	O	W
H	L	B	R	B	I	C	R	O	M	I	A

- Utensilio óptico que se emplea con los dos ojos.
- Sistema eléctrico que emplea dos fases.
- Palabra con dos sílabas
- Expresión algebraica formada por dos monomios.
- Velocípedo de dos ruedas.
- Impresión en dos colores.
- Dos veces al año.

J Repite las palabras encontradas en el ejercicio anterior.

_____   _____   _____

_____   _____   _____

_____

K Lee atentamente.

Vimos pasar la **sombra** de un músico **ambulante**. Se apoderó de nosotros una sensación curiosa, **ambigua**... Como **desembarcar** en otro mundo, como...

Si observamos con atención las palabras en negritas, obtenemos la siguiente regla:

> Se usa **m** antes de **b.**

L Siguiendo las líneas hasta la punta de las flechas, puedes formar palabras. Escríbelas.

Ejemplo:

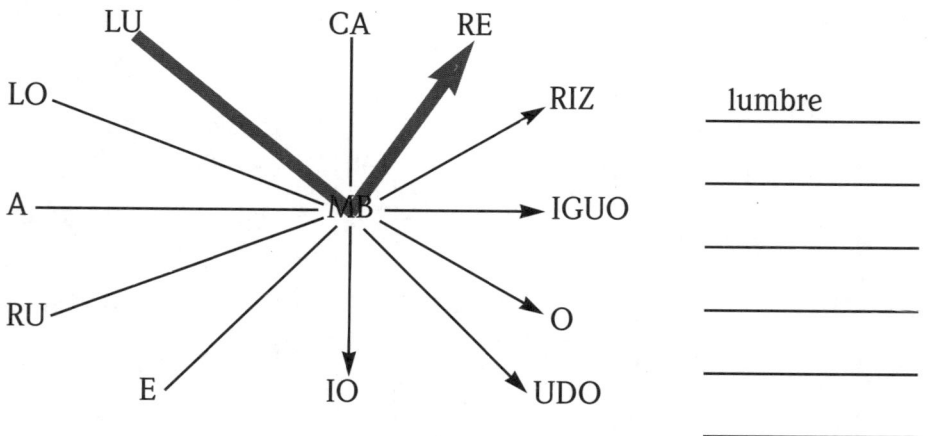

LU   CA   RE

LO   RIZ   lumbre

A ——— MB ——→ IGUO   _____

RU   O   _____

E   IO   UDO   _____

_____

_____

M   Hacemos familias de palabras.

Ej:

combinar	combinación
	combinado
	combinable

1. | cambio | | |

2 | ambulante | | |

3. | rumba | | |

4. | tambor | | |

5. | combate | | |

6. | sombra | | |

7. | lumbre | | |

8. | rombo | | |

Corregir textos con errores y reescribirlos

A Vamos a encontrar disparates y a corregirlos.

Ejemplo:

El maestro Alcántara, de quien te había hablado antes, usa un aparato para la sordera porque no ve casi nada, pero oye muy bien.

Encuentra el disparate y escribe.

¡Eso no es correcto! ¿Si oye muy bien para qué quiere un aparato para la sordera? Creo que más bien quieres decir: El maestro Alcántara, de quien te había hablado antes, usa un aparato para la sordera, porque casi no oye, pero ve muy bien.

Emplea los signos de puntuación. Recuerda que son muy importantes.

1. A las nueve y media de la noche se murió el abuelo de Federico. Todo sucedió con paz y tranquilidad. Hasta el propio abuelo, después de lo ocurrido, dijo: "Me muero tranquilo porque soy viejo y he vivido en paz con todos."

2. Me fui de vacaciones a una isla maravillosa. El viaje fue duro, porque tomamos el camión a las cinco de la mañana y llegamos a la isla hasta las ocho del día siguiente. Pero después disfrutamos muchísimo.

3. Mi prima Leonor va a una escuela de educación especial para niños sordomudos. Mi tía dice que aprende mucho y que está muy contenta. Todo el día tienen distintas actividades: juegan, trabajan con plastilina, cantan, recitan, escriben y dibujan.

4. La señora fue al mercado. Compró fruta y verdura frescas. También compró un pescado muy bueno, que estaba asqueroso. Lo preparó peor y su esposo se puso tan feliz que hasta se enfermó del estómago.

5. La pobre Margarita, que es huérfana, va a venir vestida de gitana a la kermés, acompañada de sus papás, que son unas personas muy agradables y que participan mucho en las actividades de la escuela.

• En el ejercicio A encontraste disparates (errores) de contenido. Ahora vamos a buscar errores de forma. ¿Sabes lo que quiere decir esto? Coméntalo con tu maestro y con tus compañeros.

B Lee con cuidado la oración. Tiene un error. Encuéntralo y corrígelo.

Ejemplo: Este polvo es bueno para limpiar la casa de las hormigas.

¿Sabes cuál es el error? Que no se se sabe si es la casa del que habla o la casa de las hormigas la que va a quedar limpia, porque el texto está mal construido. Observa cómo se corrige.

Así: Este polvo es bueno para acabar con las hormigas que hay en la casa.

Este polvo sirve para matar las hormigas que hay en la casa.

Este polvo sirve para limpiar la casa que está llena de hormigas.

1. Me encontré al director y a la maestra. Aproveché para comunicarle lo que habíamos acordado en la junta.

_____

2. Quieren comprar una cama para niño con barandal de madera.

_____

3. Mi mamá le aseguró a mi tía que está muy enferma.

_____

4. Raúl y Esteban estaban platicando cuando se oyó el ruido de la explosión y salió corriendo a ver qué pasaba.

_____

5. La maestra nos pidió que lo hiciéramos con un movimiento de la mano.

_____

6. Marcela llamó a Rodrigo para comentarle el asunto que le interesaba.

_____

_____

7. Mi abuelita llegó con mi tía en una ambulancia que, por cierto, se veía en mal estado.

_____

_____

8. Venden unos estuches para lápices muy bien hechos a mano y pintados de colores.

_____

_____

9. Esa señora es la encargada de una tienda de ropa, que es amable y simpática.

_____

_____

10. Abrieron la reja con mucha dificultad con los paquetes que llevaban en las manos.

_____

_____

11. No me gusta la carcacha de mi tía. Se ve que ya no puede más.

_____

_____

12. El profesor de gimnasia me pidió que avanzara con un movimiento de cabeza.

_____

_____

C Escribe disparates. Responde a las preguntas. **¿Qué (quién) es? ¿Qué está haciendo?**

Ejemplo: (un buzo)
Es un buzo. Le está haciendo agujeros a su traje para que no se meta el agua y estar más seguro.

1. (una actriz)

_____

2. (un guía de turistas)

_____

3. (un pelícano)

_____

4. (un leñador)

_____

5. (una vendedora de libros)

_____

6. (un pirata)

_____

7. (una domadora de leones)

_____

8. (una sirena)

_____

_____

D Intercambia tu trabajo con un compañero y corrige las oraciones del ejercicio anterior. Vuélvelas a escribir.

E Escribe seis oraciones poco exactas. Usa tu cuaderno.

Ejemplo: Vino con su hermano y con su prima, pero no pudimos jugar porque tenía un brazo enyesado.

¿Quién tenía un brazo enyesado, el que habla, el hermano o la prima?

F Intercambia tu cuaderno con un compañero y corrige las inexactitudes de las oraciones. Vuélvelas a escribir.

G Marca con color azul las oraciones que te parezcan correctas. Con verde las que contengan un disparate de contenido. Y con amarillo las que tengan una inexactitud.

1. Me encontré a Ramiro y a Luis y le di su pluma.
2. El mudo cuando se pone nervioso habla mucho.
3. Corregimos el trabajo cuidadosamente y después lo pasamos en limpio.
4. Vi a Carla cuando salía anoche.
5. Conseguí el libro y el diccionario en la biblioteca.
6. Me gusta mucho leer para aburrirme y volverme más ignorante.
7. A las ocho llegó Estela muy limpia y arreglada.
8. Trajeron al caballo herido en un carrito que se veía muy mal.
9. Esta casa tiene goteras porque el techo está en muy buenas condiciones.

Corrige y escribe de nuevo las oraciones verdes y amarillas.

Más usos de B

A Lee con atención.

Algunas veces es necesario decirles a ciertos pasajeros del "metro" (así le dicen al tren **subterráneo**), que se **abstengan** de verte con tanta insistencia. Todos sabemos que sentirse **observado** produce incomodidad.

FÍJATE:

> Se usa **b** en las palabras que empiezan con **abs**, **obs** y **sub**.

B Repite tres veces las palabras en negritas.

_____   _____   _____

_____   _____   _____

_____   _____   _____

C Localiza en la sopa de letras las palabras correspondientes a los significados de la derecha.

A	L	O	B	S	E	R	V	A	T	O	R	I	O	R	X
C	N	U	A	C	G	I	Y	S	U	Z	A	Q	T	D	O
E	O	J	B	O	O	H	Ñ	A	E	F	L	R	Z	W	Q
G	Q	N	S	U	B	D	I	R	E	C	T	O	R	C	M
J	T	V	O	D	S	S	B	S	O	R	B	E	R	U	Ñ
K	Y	Y	L	O	T	J	E	K	F	W	A	C	F	I	K
J	W	P	V	G	A	H	M	Q	N	P	S	A	B	U	Q
H	I	T	E	Ñ	C	Z	J	M	U	Q	I	S	K	V	C
P	P	M	R	T	U	D	H	P	T	I	U	Z	B	E	O
D	N	K	X	Y	L	F	Z	E	R	L	O	E	N	O	N
B	M	B	G	I	O	N	R	E	T	L	A	B	U	S	X

- Declarar no culpable.

- Lugar adecuado para hacer observaciones.

- Impedimento.

- Que trabaja bajo las órdenes de otro. Subordinado.

- El que sigue después del director.

- Regalo.

• Escribe varias veces las palabras de arriba.

D Forma grupos de palabras.

abs	

obs	

sub	

E Lee atentamente.

Arturo era un chavo muy especial: tenía una gran sensi**bilidad** que le permitía ver lo que otros no podemos ver. Además, tenía diversas ha**bilidades**, tanto en los deportes como en los talleres. Tal vez no era tan inteligente, pero era confiable y responsable. Debo confesar que yo sentía cierta de**bilidad** por él.

FÍJATE:

> Se escriben con **b** las palabras terminadas en **bilidad**. Excepto: **movilidad** y **civilidad**.

F Completa las columnas.

responsable	_____
_____	amabilidad
durable	_____
_____	sensibilidad
rentable	_____
_____	irritabilidad

débil	_____
_____	habilidad
contable	_____
_____	posibilidad
honorable	_____
_____	confiabilidad

• Las excepciones a esta regla son _____ y _____

G Repite varias veces las palabras anteriores.

H Localiza en la sopa de letras cinco palabras terminadas en **bilidad**. Escríbelas en orden alfabético.

C	E	F	Ñ	S	P	X	T	D	N	V	N	W	D	X	K	O	Y	R	B
Z	E	S	T	A	B	I	L	I	D	A	D	C	I	M	B	V	J	U	W
M	E	O	Z	M	N	Ñ	J	W	O	H	Y	Q	I	H	R	C	N	U	N
T	B	E	E	G	X	S	C	E	A	B	G	Q	D	Q	S	O	M	F	C
L	A	F	Q	L	I	F	K	L	G	S	H	U	A	L	X	N	D	K	C
J	C	O	N	F	I	A	B	I	L	I	D	A	D	D	G	T	O	V	J
H	Q	B	B	R	A	A	K	D	J	R	I	R	I	S	D	A	T	J	P
O	A	Q	R	N	P	E	O	I	G	J	Z	W	L	K	E	B	Ñ	P	P
T	D	H	A	B	I	L	I	D	A	D	V	C	I	K	E	I	Ñ	F	A
G	I	Ñ	R	X	Z	C	H	H	W	V	V	Y	B	F	S	L	K	R	L
Q	B	I	Q	X	H	J	G	Ñ	X	V	X	J	A	L	L	I	C	I	K
V	Y	E	X	G	D	B	L	O	M	I	F	A	B	Z	B	D	N	B	G
X	J	T	B	Ñ	S	U	Z	E	T	K	A	L	O	G	T	A	J	P	M
U	D	Z	C	H	F	W	G	U	Y	U	Q	M	R	N	N	D	S	U	K
F	Y	F	D	Ñ	H	V	R	C	S	Z	T	U	P	O	I	K	N	W	B
A	M	P	P	Ñ	L	Y	L	E	O	W	M	Z	T	H	F	P	C	Z	D

• Escribe varias veces las palabras.

_____ _____ _____ _____
_____ _____ _____ _____
_____ _____ _____ _____
_____ _____ _____ _____
_____ _____ _____ _____

I Lee atentamente.

A las nueve de la mañana, mientras **desayunábamos** en la terraza del Habana Riviera, un tremendo golpe de mar a pleno sol levantó en vilo varios automóviles que **pasaban** por la avenida del malecón, o que **estaban** estacionados en la acera, y uno quedó incrustado en un flanco del hotel.

Me alquilo para soñar,
GABRIEL GARCÍA MÁRQUEZ.

FÍJATE:

Se escriben con **b** las terminaciones verbales del copretérito de indicativo: **aba,
ábamos** y **aban**.

J Completa los cuadros como en el ejemplo.

Ejemplo:

callar
callaba
callábamos
callaban

cantar

escuchar

entonar

coleccionar

conectar

reinar

actuar

numerar

limar

K Recorta y pega en el espacio un artículo periodístico o de una revista que contenga formas verbales terminadas en **aba, ábamos** y **aban**. Subráyalas y escríbelas en las líneas

Escribir oraciones y textos breves
(La claridad y la exactitud)

- Tú ya conoces dos de los requisitos para una buena redacción: la claridad y la exactitud.

Vamos a ver dos ejemplos de mala redacción. Al primero le falta claridad y al segundo, exactitud.

1. Con el bote de pintura blanca el señor mañana pintará la pared mezclada con una poca de agua.
2. Vi a tu hermana cuando salía del examen.

Falta de claridad.

1° No se pinta con el bote sino con la pintura. Hay que eliminar la palabra "bote".

2° Hay desorden de las ideas. Se puede acudir al orden lógico primero, para después hacer una redacción final.

Orden lógico:
- El señor pintará la pared con la pintura blanca mezclada con una poca de agua, mañana.

A continuación, la leemos y notamos que se le puede hacer otro cambio y que la oración queda mejor.
- Mañana, el señor pintará la pared con la pintura blanca mezclada con una poca de agua.

Falta de exactitud

La falta de exactitud hace que se produzcan oraciones ambiguas. En ellas no queda claro a quién o a qué se refiere algún elemento de la oración. Por eso se dice que son ambiguas, porque pueden tener más de un significado.

El ejemplo 2 que dimos arriba es una oración ambigua porque no se sabe quién salía del examen, si la persona que habla (yo), o tu hermana, o las dos. Hay que reescribirla para eliminar la ambigüedad.

- Vi a tu hermana cuando salíamos del examen.
- Vi a tu hermana cuando ella salía del examen.
- Cuando salía yo del examen, vi a tu hermana.

A Reescribe las oraciones siguientes. Observa que les falta claridad o exactitud.

Ejemplo: Le cobran $50 por arreglarle una pata a mi mamá de la mesa.
A mi mamá le cobran $ 50 por arreglar la pata de la mesa.

1. El perro de Rodrigo, al que le cortaron las orejas ayer, se estuvo quejando.

2. Con una botella de alcohol la enfermera ayer la herida desinfectó.

3. El maestro indicó que empezara el partido con un movimiento de la cabeza.

4. Patricia le aseguró a Carlos que no creía que merecía el premio.

5. Toda la noche en un tren viejísimo viajamos muy incómodos que, por cierto, hacía un ruido tremendo.

6. Claudia le propuso a Mercedes cambiarle su pluma por un plumón amarillo.

7. Todo el día estuvo quejándose y toda la noche, el pobre enfermo, ayer.

8. Me mandaron el recado con un chavo, por cierto bastante pesado.

9. Los chavos gritaban emocionados, las niñas estaban felices, y yo también.

10. No pueden abrir la puerta con los paquetes que traen en las manos.

B Marca con color amarillo las oraciones del ejercicio anterior que te parezcan inexactas y con color azul las que consideres ambiguas.

> Revisa siempre lo que escribes. Fíjate que no haya ambigüedades y que tu escrito refleje exactamente lo que quieres decir.

C Escribe una respuesta a la pregunta que se da.

Ejemplo: ¿Qué harías si fueras un pintor famoso?
Trataría de ser sencillo y amable para que nadie dijera que se me había subido la fama. Viajaría mucho a todos los países del mundo, especialmente a Japón, La India y Egipto.

1. Una bruja. _____

2. El director de la escuela. _____

3. El Ministro de Hacienda. _____

4. El Regente de la ciudad. _____

5. Un futbolista famoso. _____

6. Una bailarina. _____

7. Un director de cine. _____

8. Una estrella de televisión. _____

D Responde las cuestiones que se proponen.

Ejemplo: ¿En qué estará pensando Jorge?

Ha de estar pensando en las vacaciones, porque sus abuelos lo van a llevar a un rancho, en donde va a montar a caballo y conocer el trabajo del campo.

1. ¿Con qué habrán hecho las tortas?

2. ¿De qué se habrán disfrazado Javier y Laura?

3. ¿En qué se habrá venido don Pancho?

4. ¿Cuándo habrá sabido del accidente Susana?

5. ¿Cómo se habrán subido a la azotea?

6. ¿Qué le habrá sucedido a Rodolfo?

7. ¿Con quién se habrá quejado la enfermera?

8. ¿De qué estarán hablando las maestras?

9. ¿Para quién serán esos libros?

10. ¿De quién serán esos patines?

E Intercambia tu trabajo con el de un compañero. Corrige su redacción y atiende a las correcciones que se les hagan a tus escritos. Vuelve a escribir lo que consideres que puede mejorar.

ACUÉRDATE:

> Los escritos se corrigen. Los escritores famosos que tú conoces hacen una o varias correcciones a sus textos. El primer escrito es sólo un borrador.

F Escribe cosas fantásticas.

Ejemplo: Si yo tuviera alas nunca pasaría la noche en el mismo sitio. Todos los días volaría a un lugar diferente. Además, pondría un servicio de mensajería y sería el más rápido y eficiente de todos. Eso me gustaría mucho.

1. Si tuviera dos personalidades

2. Si hubiera nacido en la época de las Cruzadas

3. Si hubiera ganado el concurso de Miss Universo

4. Si tuviera el don de la ubicuidad

5. Si fuera anfibio

6. Si tuviera cien años de edad

7. Si fuera la persona más rica del mundo

8. Si fuera la persona más inteligente de la Tierra

G Cambia las oraciones del ejercicio anterior a la forma negativa.

Ejemplo: Yo no tengo alas, por eso siempre paso la noche en el mismo sitio. Yo no puedo volar a un lugar diferente cada día. Por eso no pongo un servicio de mensajería, porque no sería el más rápido ni eficiente de todos. Eso no me gustaría nada.

_____

_____

_____

_____

_____

_____

_____

_____

_____

_____

_____

_____

_____

_____

_____

_____

_____

_____

_____

_____

_____

_____

23 Usos de V

A Lee con atención.

Es muy importante **prevenir** las enfermedades infecciosas en los niños —sobre todo las intestinales—, porque pueden **provocar** deshidratación y complicaciones difíciles de resolver. No olvidemos que la salud no es **privilegio** de unos pocos, sino responsabilidad de todos.

FÍJATE:

> Se usa **v** después de las sílabas **pre, pri, pro**. Excepto: **probar, probeta, problema, probable** y sus derivados.

B Clasifica las palabras del texto y repítelas tres veces.

prev	priv	prov

C Completa con **prev, priv, prov**.

_____ alecer	_____ entiva	_____ eedor
_____ inciano	_____ ado	_____ ada
_____ io	_____ ocar	_____ ativo
_____ ativo	_____ erbio	_____ isible

D Escribe palabras relacionadas.

Ejemplo: privado - privativo

prever _____	previo _____
provincia _____	privilegio _____
proveer _____	provocar _____

E Lee atentamente.

Daniel vive en el **octavo** piso de un edificio **nuevo** que acaban de construir en la Zona Esmeralda de la ciudad de México. Es un condominio muy **exclusivo**.

FÍJATE:

Se escriben con **v** los adjetivos terminados en **avo, evo, ivo** y sus formas femeninas **ava, eva, iva.**

F Clasifica las palabras del texto.

avo   evo   ivo

_____   _____   _____

G Completa con femenino o masculino.

pasivo_____	_____ agresiva
_____ exclusiva	colectivo_____
festivo _____	_____ sensitiva
_____ receptiva	abusivo_____
efusivo _____	_____ auditiva

• Escribe varias veces las palabras.

H Forma familias con las palabras que se dan. Usa el diccionario para las que te son desconocidas.

Ejemplo:

nuevo	nueva
	novedad
	novedoso
	novísimo

pasivo	

posesivo	

positivo	

abrasivo	

I Lee atentamente.

Evita asistió con mucho entusiasmo al **evento** que se realizó en el Teatro del Bosque, donde haría su presentación como primera actriz en la pastorela. La maestra de teatro les dijo a todos los participantes que habían **evolucionado** muy bien en sus actuaciones; sin embargo, los muchachos no pudieron **evitar** sentir cierto nerviosismo al escuchar la tercera llamada. Algunos quisieron **evadir** la responsabilidad de salir al escenario, pero el apoyo de los otros compañeros les permitió superar sus miedos.

J Clasifica las palabras en negritas.

eva	eve	evi	evo
___	___	___	___

K Une las palabras que empiezan igual.

evitar	eventual
evasión	Evita
evocar	evadir
evento	evolución

L Escribe dentro de la letra **V** una palabra que termine en **ivo**. Repite después las dos palabras en las líneas.

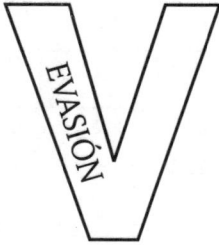
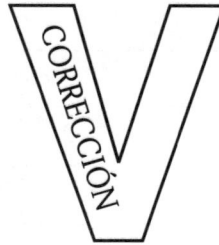
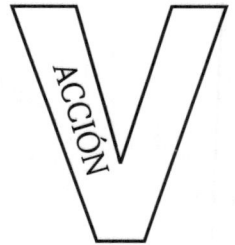

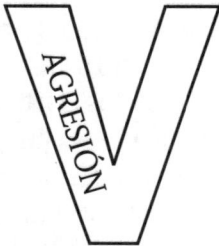
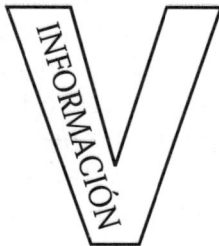

V COMPASIÓN   V REFLEXIÓN

_____   _____

_____   _____

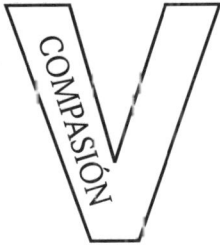

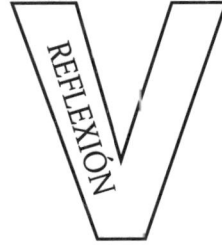

M Ordena alfabéticamente las palabras del ejercicio anterior.

_____   _____

_____   _____

_____   _____

_____   _____

_____   _____

_____   _____

_____   _____

N Encuentra más palabras que empiecen con **prev**, **priv**, **prov** o que terminen con **avo**, **evo**, **ivo** o sus formas femeninas.

Escribe las listas en tu cuaderno y compáralas con las de tus compañeros.

Agregar otras ideas
(Idea principal e ideas secundarias)

A   Agrega otras ideas.

Ejemplo: El niño comió dulces.
El niño que vive al lado de mi casa y que está peleado con Lupe comió tantos dulces de tamarindo que se enfermó y tuvieron que llevarlo a la clínica

ATENCIÓN

En el ejemplo tenemos primero una **idea principal**: El niño comió dulces. Observa que decimos algo de alguien. Esto en gramática es una oración, compuesta como tú ya sabes de sujeto y predicado (S + P).

A esa idea principal (S + P) que ya tenemos le añadimos otras ideas, **ideas secundarias**, que nos dan más información y completan la idea principal, pero no la sustituyen.

Recuerda que las ideas secundarias son oraciones que se unen con **nexos**.

Al conjunto de ideas contenidas entre un punto y otro lo llamamos **bloque de ideas**. Un bloque de ideas puede estar formado por una idea o por varias. Siempre está separado del siguiente bloque por punto y seguido, puntos suspensivos o signos de interrogación o admiración.

1. Roberto leyó los cuentos.

2. El volcán hizo erupción.

3. El tanque explotó.

4. Marcela se puso a gritar.

5. El señor trajo un gato.

6. El buzo tuvo un accidente.

7. Sergio llamó a los bomberos.

B Ahora vas a separar las ideas secundarias que escribiste de la idea principal que se dio.

Ejemplo: El **niño** que vive al lado de mi casa y que está peleado con Lupe **comió** tantos **dulces** de tamarindo que se enfermó y tuvieron que llevarlo a la clínica.

Idea principal	Ideas secundarias
El niño comió dulces.	a) El niño vive al lado de mi casa. El niño está peleado con Lupe.
	b) Comió dulces de tamarindo. Comió muchos dulces. Se enfermó. Tuvieron que llevarlo a la clínica.

¿Te acuerdas que ya has empleado antes los **nexos**? Fíjate qué importantes son.

OBSERVA:

> Las ideas secundarias del ejemplo las separamos en dos grupos: a) las que se refieren al sujeto y b) las que se refieren al predicado.

Trabaja en tu cuaderno o en una hoja de bloc.

C   Escribe en tu cuaderno textos con las ideas principales, los nexos y las ideas secundarias que se dan.

Ejemplo:

Idea principal

Margarita es amiga de Rosa.

Nexos que, donde

Ideas secundarias

Margarita es hija de la maestra de Historia.

Rosa vive en un edificio.
El edificio es el mismo donde vive Tomás.

Margarita, la hija de la maestra de Historia, es amiga de Rosa que vive en el mismo edificio donde vive Tomás.

1. Marcela corrió mucho.
   Nexos tanto…que, en donde

   Marcela llegó cansadísima a la escuela.
   En la escuela era la reunión.
   La reunión era del equipo de volibol.

2. Se derrumbó el puente viejo.
   Nexos por eso, a quienes, que

   Llegaron los socorristas.
   A los socorristas les avisó un campesino.
   El campesino vive cerca de ahí.

3. Organizaron una reunión.
   Nexos porque, a quienes

   La reunión fue en la casa de Pedro.
   La maestra de Geografía se va a casar con el maestro de Historia.
   Los alumnos quieren mucho a esos maestros.

4. Tuvieron que matar al perro.
   Nexos aunque, porque, y

   Cuidaban mucho al perro. El perro era muy viejo.
   Estaba muy enfermo.

5. Es necesario comprar un diccionario.
   Nexos que, porque, ya que

   Dice el maestro.
   El diccionario es muy útil para la clase de Español.
   Sin el diccionario es casi imposible trabajar en esta clase.

6. Esos alumnos hoy vinieron en coche
   Nexos que, porque, ya que

   Esos alumnos siempre vienen en camión.
   Uno de ellos tiene una pierna enyesada.
   Tuvo un accidente en la cancha de futbol.

- Recuerda que un mismo texto se puede redactar de diversas maneras. A la manera particular de la escritura de cada uno se le llama **estilo**.

D Vuelve a escribir en tu cuaderno los textos del ejercicio anterior, haciendo cambios de orden de los distintos elementos, sustituyendo algunas palabras por sinónimos, etc.

Ejemplo: Margarita, la hija de la maestra de Historia, es amiga de Rosa que vive en el mismo edificio donde vive Tomás.

En el condominio donde vive Tomás, vive también Rosa, amiga de Margarita, la hija de la profesora de Historia.

La profesora de Historia tiene una hija, Margarita, que es amiga de Rosa, la que vive en el mismo edificio que Tomás.

E Redacta bloques de ideas. Piensa primero en una idea principal, añade después otras ideas uniéndolas con nexos o signos de puntuación.
Así:

Idea principal	**Ideas secundarias**
Hoy hace frío.	Ayer hizo calor.
	El tiempo está muy raro.
	A veces llueve.
	Otras veces está seco y caluroso.
	También puede hacer viento y frío.
	Nunca sabemos cómo vestirnos.
	Se enferma uno con frecuencia.

Aunque ayer hizo calor, hoy hace mucho frío porque el tiempo está muy raro: a veces llueve, otras está seco y caluroso, otras hace viento y frío, por eso nunca sabemos cómo vestirnos y nos enfermamos con frecuencia.

Intenta escribir el mismo bloque del ejemplo, dándoles otro orden a las ideas. ¿Quedó mejor?

- Lo único que tienes que hacer para producir las ideas es reflexionar sobre la idea principal para irla complementando o completando con otras ideas que se te ocurran.
Escribe primero la lista de las ideas y después redacta el bloque.

Revisión de Mayúsculas y usos de B y V

Practica lo aprendido:

A Agrega todas las mayúsculas que se omitieron en el siguiente texto. Escríbelo otra vez en tu cuaderno.

cuando mataron a don manuel cué, florelia tenía veinte años y la cabellera más hermosa de toda la ciudad. fue florelia la que abrió la puerta aquella mañana, la que se encontró con la cara y las pistolas de ramón arcángel…

qué bueno, ¿verdad?, qué bueno que rosario ferrer se case con el hijo de don lorenzo y doña florelia, tan buena familia, la única desgracia es lo de zoila, pobre muchacha, pero eso, ¿verdad?, puede ocurrir en todas las casas. no digas eso, dios nos libre: puede suceder en todas las otras casas. sí, los rosique, ¿no te acuerdas?, vaya pues, con decir "los rosique" ya está dicho todo…

La rueca de Onfalia,
JUAN VICENTE MELO

B Escribe tres siglas con su significado.

Siglas	Significado
_____	_____
_____	_____
_____	_____

C Completa.

1. Mi canción favorita es _____

2. La última película que vi se llama _____

3. El cuento que más me gustó leer fue _____

4. La revista que leo frecuentemente es _____

5. La calle donde vivo es _____

6. La ciudad donde nació mi abuelito es _____

7. El nombre de mi mascota es _____

8. El periódico más comprado es _____

9. La editorial que publica este libro se llama _____

10. El continente más grande es _____

D Completa las oraciones con **b** o **v**.

1. Antes, Anselmo espera____a a su hermano.
2. Hay pocas posi____ilidades de que cancele el viaje.
3. ____íctor es muy acti____o y creati____o.
4. La Repú____lica Mexicana está llena de riquezas naturales.
5. En nuestro equipo pre____alece un espíritu positi____o.
6. En el Taller de Dibujo ocupamos un ____icolor.

E Encuentra ocho palabras con **v** en la sopa de letras. Después escríbelas en orden alfabético.

E	V	A	L	U	A	R	N	I	Ñ	P	R	K
V	A	C	E	G	C	E	Z	N	A	O	A	S
A	U	P	E	V	I	T	A	R	O	V	I	M
S	V	B	V	U	C	F	D	Ñ	H	I	J	T
I	W	P	O	S	E	S	I	V	O	S	W	E
V	L	M	L	H	G	N	F	R	H	E	I	K
O	O	Y	U	U	V	N	L	Ñ	Q	R	K	X
Z	A	N	C	B	O	G	T	U	V	G	U	M
L	I	N	I	C	I	A	T	I	V	A	R	T
D	X	P	O	W	Y	Q	Z	S	A	H	X	Q
Y	B	S	N	E	X	C	L	U	S	I	V	O

_____

_____

_____

_____

_____

_____

_____

_____

Agregar nuevas ideas

A Agregamos otras ideas.

RECUERDA:

> Ya sabes emplear muchos nexos: **y, pero, porque, por eso, aunque, si, que, quien(es), como, cuando, donde**.

Ejemplo: No voy a ir.

Aunque me gustaría, no voy a ir porque tengo mucha tarea y además quiero acompañar a mi hermana al dentista.

1. Me mordió un perro.

2. Luis reprobó el examen.

3. Cambiamos al representante del grupo.

4. Hubo un temblor.

5. Llegó un mago.

6. Margarita se rompió un brazo.

7. Se inundó el pueblo.

8. Ganó nuestro equipo.

B Separa las ideas secundarias de la idea principal en los bloques de ideas del ejercicio anterior.

Ejemplo:

Idea principal
No voy a ir.

Ideas secundarias
Aunque me gustaría.
Porque tengo mucha tarea.
Quiero acompañar a mi hermana al dentista.

Trabaja en tu cuaderno.

C Escribe un bloque de ideas a partir de la idea principal que se te da.
Ejemplo: Choque de un camión contra un coche.

1° Hacer una lista de ideas.

Idea principal
Un camión chocó contra un coche.

Ideas secundarias
Venía un coche.
Venía por la calle Juárez.
El coche era azul.
Salió un camión.
El camión salió de un callejón.
El chofer del camión no vio el coche.
El chofer estaba distraído.
El camión le pegó al coche.

2° Redactar el bloque de ideas.

Por la calle Juárez venía un coche azul; de pronto, de un callejón, salió un camión y, como el chofer estaba distraído, no vio el coche y chocó contra él.

3° Revisar el texto y pasarlo en limpio en una hoja de bloc.

1. Designación del representante del grupo.
2. Llegada de un circo al pueblo.
3. Asalto a un banco.
4. Captura de unos delincuentes.
5. Choque de trenes en Estados Unidos.

D Ponemos títulos.

Lee cuidadosamente cada bloque de ideas y asígnale un título. Recuerda que el título está estrechamente relacionado con la idea principal.

Ejemplo: La niña se cayó

La niña que estaba sentada en una sillita alta, porque es una bebita, quiso alcanzar el globo, se cayó y se lastimó un brazo.

1. _____

Unos científicos franceses, que venían investigando y haciendo pruebas de laboratorio desde hace años, descubrieron una vacuna contra el cáncer que, muy probablemente hará que les otorguen el Premio Nobel en Medicina.

2. _____

La caída de unos misteriosos paracaídas que han aterrizado en varios puntos de la región, ha causado el asombro y el temor de todos los habitantes, que hasta ese día habían vivido muy tranquilos y en paz.

3. _____

El pasado 23 de abril, en la región sureste del estado de Chiapas hizo erupción un volcán que había estado inactivo durante cientos de años, causando el pánico entre los habitantes del lugar, que prefirieron tomar sus pertenencias y sus animales y abandonar el lugar.

4. _____

Antenoche en el parque Hidalgo hubo un animadísimo concierto de rock que duró más de diez horas, ya que empezó a las seis de la tarde y terminó después de las cuatro de la mañana.

5. _____

Hace unos meses vimos, acompañados de muchos amigos y familiares, el eclipse total de sol, que nos impresionó grandemente, porque no nos imaginábamos que fuera un espectáculo tan grandioso.

6. _____

Ayer en la mañana, el avión que venía de Los Angeles, cuando ya había bajado para aterrizar, se elevó bruscamente, causando el susto de todos los pasajeros.

E Haz una lista con todas las ideas que aparecen en cada uno de los textos de arriba, a los que les acabas de poner título.

Ejemplo: La niña que estaba sentada en una sillita alta, porque es una bebita, quiso alcanzar el globo, se cayó y se lastimó un brazo.

Idea principal	*Ideas secundarias*
La niña se cayó.	La niña estaba sentada en una sillita alta.
	La niña es una bebita.
	La niña quiso alcanzar el globo.
	La niña se lastimó un brazo.

ATENCIÓN:

Estos ejercicios te son de gran utilidad, no sólo para escribir, sino también para leer.

F Escribe otros textos diferentes de los de arriba, empleando las mismas ideas, pero variando el estilo (cambios de orden y de vocabulario). Revisa bien el estilo de tus textos antes de cambiar tu trabajo con el de tu compañero y oír sus observaciones.

G Redacta un bloque de ideas con la misma idea principal que tienen los textos del ejercicio D. Cambia las ideas secundarias.

Ejemplo: La niña se cayó.

La niña que tenía que traer las galletas para la fiesta del salón se cayó en la calle y aplastó las galletas.

1. _____

2. _____

3. _____

4. _____

5. _____

6. _____

H
- Escribe una idea principal en una hoja de papel.

- Intercambia tu idea con la de un compañero.

- Elabora una lista de ideas secundarias relacionadas con la idea principal.

- Lee la lista a tus compañeros de equipo para enriquecerla con otras ideas.

- Redacta tu bloque de ideas seleccionando las mejores ideas entre las que hayas recogido.

27 Usos de C

A Lee con atención.

En el siglo XIX, los adolescentes tenían un trabajo asegurado en las carpinterías, ebanisterías, etc., porque los "maestros" solicitaban **aprendices** para estos oficios. Cada muchacho era encomendado a un artesano, quien lo recibía en calidad de **aprendiz**.

Observa el cambio que tienen las palabras de singular a plural.

FÍJATE:

> Las palabras terminadas en **z** cambian ésta por una **c** en el plural.

B Completa los cuadros.

singular	plural
luz	_____
_____	actrices
juez	_____
_____	matices
matraz	_____
_____	voces
mordaz	_____
_____	faces
audaz	_____
_____	veraces

singular	plural
_____	narices
hoz	_____
_____	atroces
veloz	_____
_____	raíces
maíz	_____
_____	cicatrices
cruz	_____
_____	felices
desliz	_____

C Forma palabras y ordénalas alfabéticamente.

nue

fuga

z

pa

vora

1. _____

2. _____

3. _____

4. _____

capa

tena

ces

fero

velo

1. _____

2. _____

3. _____

4. _____

D Lee con atención.

La humanidad poco a poco se **suicida** principalmente por dos razones: la producción excesiva de armamento y la contaminación ambiental. De esta manera, el hombre se convierte en el único **homicida** voluntario de sí mismo.

FÍJATE:

Se escriben con **c** las palabras terminadas en **cida** (cuando significa "matar").

E Repite las palabras en negritas.

_____ _____

_____ _____

_____ _____

F Escribe la palabra correspondiente.

El que mata a su padre se llama _____

El que asesina a un niño _____

El que se mata a sí mismo _____

Producto para matar ratas _____

El que mata a otro hombre _____

El que mata a su hermano _____

G Escribe una palabra relacionada con las que anotaste en la página anterior.

Ejemplo: fratricida   fratricidio

_____   _____   _____   _____

_____   _____   _____   _____

H Lee atentamente.

Llegamos un poco retrasados al cumpleaños de Alicia, porque el croquis que **circuló** en el salón no era muy claro Tenía una **circunferencia** que representaba el **Circuito** Interior y unas flechas dibujadas para indicar la **circulación** de las calles. Ésa y otras **circunstancias** nos hicieron quedar como unos informales.

FÍJATE:

> Se escriben con **c** todas las palabras que empiezan con **circu**.

I Escribe tres veces las palabras en negritas.

_____   _____   _____   _____

_____   _____   _____   _____

_____   _____   _____   _____

J Encuentra otras palabras que empiecen con **circu**.

_____   _____

_____   _____

K Resuelve el crucigrama con las palabras de la derecha.

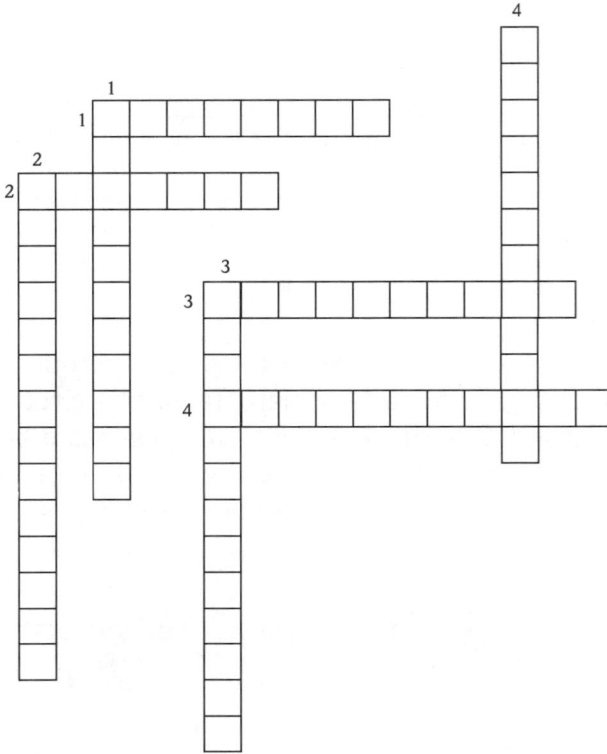

Verticales

1. circundante

2. circunferencia

3. circunstancia

4. circulatorio

Horizontales

1. circuito

2. círculo

3. circulante

4. circulación.

• Escribe varias veces las palabras anteriores.

L Lee con atención.

Si los alumnos practican la lectura en voz alta se **benefician** al oír cómo **pronuncian** unos y otros; además de que **asocian** las letras con los sonidos y así pueden mejorar su ortografía.

FÍJATE:

> Se escriben con **c** los verbos terminados en **ciar**. Excepto: **ansiar**, **extasiar**, **lisiar** y sus derivados.

M Repite tres veces las palabras en negritas.

_____	_____	_____
_____	_____	_____
_____	_____	_____

N Conjuga los verbos en el tiempo indicado.

	PRESENCIAR	ESPACIAR	NEGOCIAR
	Presente	Pretérito	Futuro
yo			
tú			
él			
	ACARICIAR	ENSUCIAR	ASOCIAR
yo			
tú			
él			

Ñ Completa el cuadro.

HOY	AYER	MAÑANA
pronuncio		
	asocié	
		beneficiaré
	renuncié	
sentencio		
	negocié	
		enunciaré
	denuncié	

O Responde.

Las excepciones a esta regla son _____ ,

_____ y _____ .

Algunos derivados de ellas son _____ , _____

y _____ .

• Repite varias veces las excepciones.

Escribir bloques de ideas a partir de preguntas
(Ideas incompletas)

A Forma una pregunta que pueda contestarse con las palabras en negritas que se dan en la oración.
No olvides emplear los signos de interrogación.

Ejemplo: Un asteroide es **un planeta pequeño que circula entre Marte y Júpiter.**

¿Qué es un asteroide?

1. La luz pasa **por la claraboya.**

2. Los alumnos que forman la escolta se dirigen **hacia el asta de la bandera.**

3. Un cleptómano es **una persona enferma que tiene la manía de robar.**

4. La batalla fue **larga y sangrienta.**

5. El pato es un ave que pertenece **a la** familia **de los palmípedos.**

6. La palabra paladín quiere decir: **caballero que se distinguía por sus hazañas en las guerras.**

7. Los niños salieron de ahí **arrastrándose.**

8. Van a inaugurar el nuevo aeropuerto **en el año 2001.**

9. Los muros divisorios están hechos **de cartón piedra.**

10. El alfabeto de los sordomudos sirve **para que se comuniquen las personas que no pueden oír.**

B Elabora en tu cuaderno preguntas y respuestas a partir de una idea. Emplea: **qué, quién, cómo, dónde, cuándo, por qué, para qué, con qué, a qué hora,** etc. No olvides los signos de interrogación.

Ejemplo: La penicilina.

¿Qué es la penicilina?	Un antibiótico.
¿Quién la descubrió?	La descubrió un científico llamado Alejandro Fleming.
¿En qué año?	En el año 1929.
¿Para qué sirve?	Sirve como medicamento para detener a los gérmenes que causan enfermedades.

> Para desarrollar este ejercicio puedes consultar una enciclopedia o cualquiera de tus libros de texto de las otras materias.

1. La Revolución Mexicana.
2. La lectura.
3. Los virus.
4. La bomba atómica.
5. El Tratado de Libre Comercio.
6. Los aeropuertos modernos.
7. La vida en otros planetas.
8. Los juegos olímpicos.

C Lee cuidadosamente los textos que se dan a continuación. Localiza la idea principal y las ideas secundarias. Escríbelas en forma de lista.

ATENCIÓN:

> La idea principal se puede encontrar por medio de la lógica.
> Sin embargo, hay otro procedimiento.
> 1° Marca con color los nexos. (Recuerda que un nexo sirve de enlace, subordina un pensamiento a otro).
> 2° Una vez que hayas marcado los nexos, te darás cuenta de que todos los pensamientos que se introducen con un nexo son secundarios.
> Así es más fácil encontrar la idea principal.

Ejemplo:

Como la escuela está un poco sucia, la van a pintar, **por eso** no habrá actividades durante el mes de agosto, **cuando** son las vacaciones anuales.

Idea principal   **Ideas secundarias**

Van a pintar la escuela.   La escuela está un poco sucia.

                            No habrá actividades durante el mes de agosto.

                            En agosto son las vacaciones anuales.

1. Yo he leído muchas novelas y cuentos, especialmente de aventuras y de ciencia ficción, que son los que más me gustan, porque desde chico me aficioné a la lectura.

2. Tenemos mucha prisa por eso no podemos esperarte, ya que nos dijeron hace apenas cinco minutos que los miembros del coro debemos regresar hoy en la tarde.

3. Se quemó la comida porque la señora Rosita se asomó a la ventana cuando oyó el ruido y se le olvidó que tenía encendida la estufa.

4. Como vimos un programa espantoso en la televisión anoche, no pudimos dormir bien, pues nos dio tanto miedo que nos pusimos muy nerviosos.

5. Aunque tengo muchas ganas no voy a ver el desfile porque estoy castigado de ver la tele esta semana que empieza hoy.

6. Cuando venía a la escuela, a la maestra Tere se le perdió su portafolios en donde traía la prueba de Español, así que nos libramos por hoy.

D Vuelve a escribir los textos del ejercicio anterior, haciendo los cambios de estilo que te parezcan convenientes.

Cambia tu trabajo con el de un compañero y atiende las observaciones que haga sobre tu redacción.

• Observa el siguiente texto. Contiene un grave error.

Es muy importante, ya que ganamos el primer concurso de Ortografía, porque todos trabajaron mucho e hicieron un enorme esfuerzo, que yo les agradezco.

¿Encontraste el error? Claro, es una oración incompleta. La idea principal, **Es muy importante**, no está completa; nunca sabemos qué es lo importante.

¿Sabes por qué pasa esto? Por el abuso que se hace de las ideas subordinadas; cuando esto sucede, en ocasiones se deja incompleta la idea principal, porque se olvida.

E Lee cuidadosamente los siguientes textos. En ellos hay un error: la idea principal está incompleta. Trabaja con los textos siguiendo los pasos que se indican en el ejemplo.

Ejemplo: Es muy importante, ya que ganamos el primer concurso de Ortografía, porque todos trabajaron mucho e hicieron un enorme esfuerzo, que yo les agradezco.

1° Enlistamos las ideas

Idea principal	**Ideas secundarias**
Es muy importante.	Ganamos el primer concurso de Ortografía.
	Todos trabajaron mucho.
	Todos hicieron un enorme esfuerzo.
	Yo les agradezco el esfuerzo.

2° Completamos la idea.

Al hacer la lista vimos con mayor claridad que la idea principal está incompleta. Es necesario, entonces, añadir algo. Por ejemplo: **Es muy importante continuar trabajando para el siguiente concurso.**

3° Volver a escribir el texto con la idea completa y con correcciones de estilo.

Observamos que en ocasiones, cuando hay muchas ideas secundarias unidas con nexos a la principal, es mejor separarlas con un punto para darle mayor claridad al escrito.

Ya que ganamos el primer concurso de Ortografía, debido a que realizaron un gran esfuerzo, es muy importante continuar trabajando para el siguiente. Quiero decir también que les agradezco su esfuerzo.

1. Aunque tres veces señalé él nunca quiso, porque ya sabemos que es terco y además que se enoja con facilidad.

2. Les advierto, nos dijo bastante molesta y con un tono de voz tan fuerte que hasta nos espantamos.

3. Ella dijo, aunque con una voz tan baja que casi no se oía, y por eso guardamos silencio.

4. Es muy frecuente, porque el clima se ha modificado, debido a los cambios ecológicos como lo hemos visto en esta población.

5. Los integrantes del equipo necesitan, como ya lo señaló el entrenador y todos estuvieron de acuerdo cuando lo dijo.

6. Siempre que viene, que por cierto no es frecuentemente, señala con la mano y con la cabeza y todos nos quedamos muy desconcertados.

7. A pesar de que Karina nunca dice nada, se nota, puesto que se ve molesta e irritada y ella, en general, no es así.

8. Cuando veníamos para acá, me preguntó, y esto es algo extraordinario, porque Eduardo normalmente es muy callado.

Usos de S

A Lee con atención.

Hilda es una muchacha muy **nerviosa, recelosa** y hasta **miste-riosa.** Carlos, su hermano, a diferencia de ella, es un joven muy tranquilo, **estudioso** y **amistoso**. Sólo tiene un pequeño defecto: es un poco **vanidoso**.

FÍJATE:

> Se escriben con **s** los adjetivos terminados en **oso, osa.**

B Coloca en las columnas las palabras en negritas.

oso	osa
_____	_____
_____	_____
_____	_____

C Cambia al femenino o al masculino.

masculino	femenino
ostentoso	_____
_____	cariñosa
caprichoso	_____
_____	exitosa
tenebroso	_____
_____	ociosa
perezoso	_____

masculino	femenino
_____	graciosa
riguroso	_____
_____	grandiosa
fabuloso	_____
_____	latosa
oloroso	_____
_____	cuidadosa

OBSERVA:

di**osa**   marip**osa**

Hay sustantivos que también terminan en **oso** u **osa**.

Pero hay otros terminados en **ozo** u **oza**.

soll**ozo**   ch**oza**   carr**oza**.

Por eso resulta tan útil consultar el diccionario.

D Escribe en la columna correspondiente las palabras que encuentres en la sopa de letras.

A	G	K	O	Y	S	G	P	E	A	H	H	Z
M	O	Z	O	V	C	D	I	L	M	Ñ	A	O
P	B	Y	L	P	A	C	A	T	J	M	Y	Z
K	G	O	Z	O	L	Y	B	T	Z	I	R	O
N	H	Z	T	A	A	M	D	Y	R	F	E	R
E	C	O	W	L	B	W	Z	I	B	U	I	T
E	S	P	O	S	O	X	O	S	O	S	S	S
C	J	M	T	U	Z	S	C	K	V	S	J	E
M	A	R	I	P	O	S	A	F	O	T	A	D

oso,a   **ozo,a**

_____   _____

_____   _____

_____   _____

_____   _____

_____   _____

E Completa con **oso**, **osa**, **ozo**, **oza**. Usa tu diccionario.

esb _____   r_____   l semidi _____

destr _____   tr _____   l _____

c _____   esp _____   g _____

ac _____   reb _____   soll _____

• Escribe varias veces las palabras.

F Lee atentamente.

Toda la escuela aprovecha las vacaciones de verano para **descansar** y **disfrutar** de un horario que **transforma** la rutina del resto del año. Algunos alumnos y maestros viajan a otros estados; se **transportan** en autobuses, barcos o aviones según las **distancias** y los recursos económicos de cada uno.

FÍJATE:

> Se escriben con **s** las palabras que empiezan con **des, dis, tras** y **trans**.

G Clasifica las palabras del texto en la columna correspondiente.

des	dis	trans

H Forma palabras como en el ejemplo.

Ejemplo:

empleo	desemplear
	desempleo
	desempleado

orden	

quitar	

ocupar	

nivel	

tapar	

poner	

I Escribe una palabra relacionada.

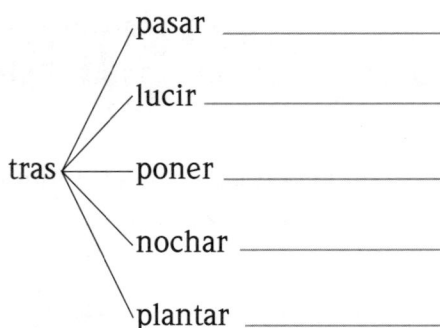

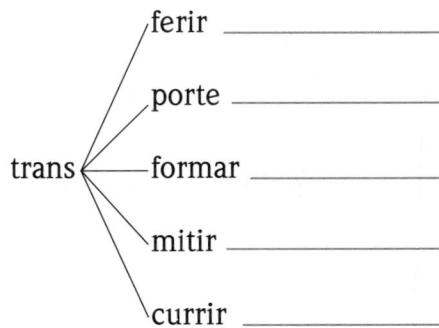

```
        ┌ pasar _____
        │ lucir _____
tras ◄──┼ poner _____
        │ nochar _____
        └ plantar _____
```

```
         ┌ ferir _____
         │ porte _____
trans ◄──┼ formar _____
         │ mitir _____
         └ currir _____
```

J Lee atentamente.

Rodolfo asustó a su familia al quedarse **semidormido** en la cena. Los padres de Rodolfo fueron a avisar a la escuela y ahí les comunicaron que no era la primera vez que eso sucedía; que seguramente Rodolfo necesitaba hacerse unos **análisis** clínicos.

FÍJATE:

> Se escriben con **s** las palabras que empiezan con **semi** y las que terminan con **sis.**

K Repite las palabras en negritas.

_____   _____

_____   _____

L Completa con **semi** o **sis**. Vuelve a escribir las palabras.

_____ círculo	_____	_____	
hipóte _____	_____	_____	
_____ plano	_____	_____	
diére _____	_____	_____	
análi _____	_____	_____	
_____ dios	_____	_____	
paráli _____	_____	_____	
_____ dormido	_____	_____	
sinop _____	_____	_____	
_____ consciente	_____	_____	
cri _____	_____	_____	

M Escribe el antónimo. Redacta después una idea larga y compleja empleándolo.

Ejemplo: gusto   disgusto
A todos nos causa un profundo disgusto ver el gimnasio y el salón en estas condiciones; por eso, vamos a arreglarlos inmediatamente.

calzar   _____

_____

_____

cansado   _____

_____

_____

capacitada   _____

_____

_____

amarrar   _____

_____

_____

Escribir recados
(Idea principal e ideas secundarias)

A Redacta recados claros y sencillos. Incluye en ellos las ideas que se dan. Elabora primero un borrador y corrígelo hasta que consideres que está bien.

Ejemplo: Recado a una amiga

Idea principal	Ideas secundarias
Me disculpo.	Saludo.
	No puedo ir a tu casa
	Tengo que cuidar a mi hermanito.
	Está enfermo.
	Ayer estuvo jugando con agua.
	Hoy tiene temperatura.
	Despedida.

Querida Bety:

Discúlpame, pero no puedo ir a tu casa porque tengo que cuidar a mi hermanito que está enfermo. Fíjate que ayer estuvo jugando con agua y hoy tiene temperatura. Nos vemos otro día.

Rocío

Observa el uso del punto y seguido.

1. Aviso a un compañero.

Idea principal	Ideas secundarias
Hubo examen	Saludo.
parcial de	Estuviste ausente hoy.
Historia.	Hubo varios alumnos ausentes.
	El maestro se molestó mucho.
	Pensó que se habían ido de pinta.
	El maestro dejó una tarea especial para los ausentes.
	Leer el capítulo 4 del libro.
	Hacer un reporte.
	El reporte debe entregarse el viernes.
	Despedida.

2. Recado a una hermana.

Idea principal	Ideas secundarias
Te habló Pepe.	Saludo.
	Tengo mucho sueño.
	Me voy a dormir.
	Mañana debo levantarme a las seis.
	No te espero.
	Pepe quiere verte.
	Está apenado por lo de ayer.
	Quiere que lo llames.
	Te deseo suerte.
	Despedida.

3. Recado a la mamá.

Vino el carpintero.	Saludo.
	Tú habías llamado al carpintero.
	Se molestó mucho.
	No estabas.
	No puede volver.
	Tienes que buscar otro carpintero.
	Le pedí disculpas.
	No sirvió de nada.
	Despedida.

4. Recado a un hijo.

Tuve que salir.	Saludo.
	No pude avisarte.
	En la mañana todavía no sabía.
	Tenía que ir al doctor con tu papá.
	Te dejé la comida en la mesa.
	La mesa está en la cocina.
	Calienta la comida con cuidado.
	Despedida.

B Cambia tu escrito con el de un compañero. Revisa cuidadosamente su trabajo y escríbele un recado con tus obsevaciones. Lee atentamente el que recibas y pon atención a las observaciones que se hacen sobre tu redacción.

31 Más usos de S

A Lee con atención.

Me ahuyentaron unos pasos, una sombra densa. Me escondía atrás de una palmera. La respiración, **alteradísima**, casi no me dejaba oír.

Temí que se hubiera consumado, durante mi sueño, la partida de Faustine. Me levanté. El barco se había ido. Mi tristeza fue **hondísima**.

La invención de Morel,
ADOLFO BIOY CASARES.

RECUERDA:

> Se escriben con **s** las terminaciones de los superlativos **ísimo, ísima**.

B Escribe el superlativo en femenino y masculino del adjetivo de la izquierda.

1. extraño _____   _____

2. bello _____   _____

3. vanidoso _____   _____

4. lento _____   _____

5. blanco _____   _____

6. duro _____   _____

7. brillante _____   _____

8. dulce _____   _____

9. hermoso _____   _____

10. sucio   _____   _____

11. delicado   _____   _____

12. manso   _____   _____

13. espeso   _____   _____

14. rudo   _____   _____

15. terco   _____   _____

16. tranquilo   _____   _____

C   Completa los cuadros.

cansado _____	sencillo _____
_____ reñidísima	_____ exactísimo
elegante _____	fuerte _____
_____ nerviosísimo	_____ carísima
cumplido _____	oscuro _____
_____ amabilísimo	_____ altísimo

_____ ntamente.

_____do Festival de la Canción Mexicana, los compositores más _____ fueron: el **guerrerense**, por el tema que desarrolló; el _____, por los arreglos, y el **jalisciense**, por la bellísima letra _____ miación la efectuaron tres jueces: un **francés**, un **barcelo____** y un **japonés.**

FÍJATE:

Se escriben con **s** los gentilicios terminados en **es, ense, iense**.

E   Escribe el gentilicio.

Viena   _____

Costa Rica   _____

Guanajuato   _____

Escocia   _____

Buenos Aires   _____

Cohauila   _____

Estados Unidos   _____

Nicaragua   _____

Jalisco   _____

Portugal   _____

Canadá   _____

Sonora   _____

Holanda   _____

París   _____

Guerrero   _____

F   Vuelve a escribir los gentilicios del ejercicio E. Clasifícalos en la columna
correspondiente.

MÉXICO	AMÉRICA	EUROPA
_____	_____	_____
_____	_____	_____
_____	_____	_____
_____	_____	_____
_____	_____	_____

G Lee con atención.

Fue una semana memorable. El señor Herbert habló del maravilloso destino del pueblo, y hasta dibujó la ciudad del futuro, con inmensos edificios de vidrio y pistas de baile en las azoteas. La mostró a la multitud. Miraron asombrados, tratando de **encontrarse** en los transeúntes de colores pintados por el señor Herbert, pero estaban tan bien vestidos que no lograron **reconocerse.**

El mar del tiempo perdido,
GABRIEL GARCÍA MÁRQUEZ.

FÍJATE:

> Se escribe con **s** el pronombre **se** que se agrega al final de algunos verbos.

H Escribe el infinitivo.

1. pones	poner	11. peinarás	
2. emocionaría		12. crees	
3. enojaste		13. divertirá	
4. arrepentía		14. voy	
5. buscaba		15. superas	
6. pasaré		16. estacionó	
7. lavó		17. peleaste	
8. eliminaba		18. conectaba	
9. relaciono		19. extendía	
10. elegí		20. golpeará	

I Escribe los infinitivos del ejercicio anterior añadiéndoles el pronombre **se**.

1. _____   11. _____

2. _____   12. _____

3. _____   13. _____

4. _____   14. _____

5. _____   15. _____

6. _____   16. _____

7. _____   17. _____

8. _____   18. _____

9. _____   19. _____

10. _____   20. _____

J Completa el cuadro.

Verbo conjugado (tiempo opcional)	Infinitivo	Infinitivo con se
rodeaba	_____	_____
_____	reír	_____
_____	_____	mirarse
maquillo	_____	_____
_____	sentar	_____
_____	_____	atreverse

156

Corrección y reescritura de textos
(Pobreza de vocabulario)

A Lee con atención estos ejemplos en los cuales puedes ver también defectos de redacción.

a) **Valora** en todo lo que **valen** sus **valiosas** acciones.

b) Es necesario darle **agua** al niño, ya que el **agua** impide que el niño se deshidrate al perder el **agua** su organismo.

c) Es un **hecho** que ha **hecho** un esfuerzo y esto se ve en el **hecho** mismo de que ha **hecho** su trabajo sin la ayuda de nadie.

> Lo que acabas de leer son ejemplos de **pobreza de vocabulario.**

La repetición de una palabra debe evitarse. Esto se hace:
- Eliminando alguna palabra.
- Sustituyendo una palabra por otra, sin alterar el sentido.
- Variando la redacción, pero conservando el sentido.

Veamos de nuevo el ejemplo a).

a) **Valora** en todo lo que **valen** sus **valiosas** acciones.
    (aprecia)   (meritorias)

Aprecia en todo lo que valen sus meritorias acciones.

Ejemplo b.

b) Es necesario darle **agua** al niño, ya que **el agua** impide que
                                          (esto)

se deshidrate al perder **el agua** su organismo.
                        (los líquidos)

Escribe la versión final.

_____

_____

c) Es **un hecho** que **ha hecho un esfuerzo** y esto se ve en el
(realidad)   (se ha esforzado)

hecho mismo de que ha **hecho** su trabajo sin la ayuda de nadie.
(efectuado)

Escribe la nueva versión.

RECUERDA:

> Es muy útil consultar un diccionario de sinónimos. Pero debes recordar que no siempre vas a encontrar un sinónimo exacto; en ese caso, debes emplear otros medios para evitar la repetición de las palabras.

B Corrige los siguientes párrafos. Elimina las palabras repetidas, las ideas innecesarias y las faltas de claridad y exactitud. **Trabaja en equipo.**

1. Estoy enviando a ustedes los gatos que les ofrecí. Los gatos están en buenas condiciones de salud, aunque chiquitos, porque la gata tuvo once gatitos pero están en buenas condiciones de salud.

2. El maestro de Historia nos pidió un trabajo sobre las culturas prehispánicas que nos está costando mucho trabajo porque no sabemos redactar muy bien. Además, no es sólo trabajoso escribir sino localizar la bibliografía ya que muchos autores han trabajado sobre este tema y no sabemos qué trabajo elegir.

3. Tenemos que decirte algo muy importante. Por favor, llámanos a alguna hora mañana, porque es algo urgente que hablemos contigo. Como no queremos que alguien vaya a oírte procura hablar con alguna discreción.

4. Para mí es una gran alegría el éxito de Carlos. No sólo yo, toda la familia está alegre y comparte su éxito, que es además un éxito para el país por la trascendencia que puede tener.

5. No debería usted tomar tantas medicinas que no le ha recetado ningún doctor. Mucho se dice que las medicinas no deben tomarse sin la vigilancia de un doctor y, además, las que está usted tomando podrían no tener el efecto medicinal que usted supone.

6. Investigaciones recientes han manifestado el gran interés que existe entre los investigadores del mundo por investigar los daños ecológicos que sufre el planeta y que no se habían investigado antes.

C Tú ya sabes corregir los párrafos mal escritos. Recuerda que debes cambiar las palabras que estén repetidas o mal empleadas, eliminar ideas innecesarias y darle orden y claridad a lo escrito. Trabaja en forma individual.

Ejemplo:

El director **tiene interés** ~~en~~ que ustedes **tengan** ~~la oportunidad,~~
　　　　　　　(desea)　　　　　　　　　　　　　　(logren tener)
~~que otros alumnos ya han tenido,~~ de ~~tener~~ su laboratorio propio

en el cual puedan **tener en conservación** algunas muestras
　　　　　　　　　　　　(conservar)
que tienen importancia para el estudio que ~~ustedes~~ **van a lle-**
　　(importantes)　　　　　　　　　　　　　　　　　　　　　　(realizan)
var a cabo.

El director desea que ustedes logren tener su laboratorio propio, en el que puedan conservar algunas muestras importantes para el estudio que realizan.

1. Estoy tomando este curso de redacción principalmente porque quiero aprender a redactar mis trabajos escolares. Sin embargo, también quiero saber redacción para poder redactar otro tipo de escritos.

2. También nos interesa leer buenas lecturas. Al leer cuentos, por ejemplo, además de pasar un buen rato leyendo, se puede aprender mucho sobre otras cosas.

3. Jorge es un buen amigo, un buen hijo y un buen alumno. Está lleno de buenas cualidades que lo hacen ser un buen ejemplo para todos.

4. Fueron a la librería a comprar un libro de Geografía pero vieron unos libros rebajados y pensaron comprarlos. No lo hicieron porque no tienen un librero grande en donde poner tantos libros.

5. Nunca había comido una comida tan sabrosa. Ya me habían dicho que la señora García preparaba una comida riquísima pero yo no la había comido antes.

6. Elena tenía tantas cosas que hacer que no sabía qué cosa hacer primero. Además, como ya había hecho otras cosas en la mañana, pues hizo las compras y también hizo la comida, estaba cansada y no sabía qué hacer primero.

7. Ellos no salen a tiempo de su trabajo porque siempre se quedan más tiempo del que deberían. A pesar de que hoy hace mal tiempo y se arriesgan a no llegar a tiempo, no han salido todavía.

8. Van a pintar toda la casa con pintura verde aunque quizá pintada de ese color no se vea muy bien, según dice el pintor. Sin embargo, como compraron la pintura muy rebajada la van a utilizar.

Revisa muy bien tu trabajo. Intercámbialo con el de uno de tus compañeros. Haz tus observaciones sobre su redacción y escucha las de él sobre tu trabajo.

D Escribe un recado anónimo dirigido a un compañero o compañera. En él le vas a asegurar tu amistad y tu admiración. En seguida, dile cómo eres (una descripción) y por qué quieres ser su amigo o amiga. Para finalizar, prométele fidelidad y pídele una respuesta.

Recuerda que siempre que hablamos o escribimos lo hacemos con alguna **intención**. Mientras mejor nos expresemos en forma oral o escrita, más posibilidades tenemos de lograr lo que queremos a través de la comunicación oral o escrita.

En el recado debes expresar varias intenciones:

- Afirmar algo (amistad y admiración).

- Describir a una persona (a ti mismo).

- Explicar la causa de tu deseo de amistad.

- Prometer algo (fidelidad).

- Solicitar algo (una respuesta).

Una vez escrito el recado, intercámbialo con una compañera o compañero. Lee cuidadosamente el que recibas y respóndelo por escrito.

Usos de Z

A Lee con atención.

En el servicio de **mudanzas** que contratamos trabajan personas muy responsables; por eso nos fuimos a la nueva casa con la **confianza** de que nuestros muebles llegarían en perfecto estado.

FÍJATE:

> Se escriben con **z** las palabras terminadas en **anza** y sus formas plurales. Excepto: **mansa, gansa, cansa.**

B Completa.

holg _____	tard _____	mud _____
bon _____	orden _____	confi _____
enseñ _____	mat _____	esper _____
ali _____	cobr _____	cri _____
veng _____	bal _____	us _____

• Cambia al plural las palabras anteriores y escríbelas en orden alfabético en tu cuaderno.

C Escribe una palabra relacionada con el verbo.

Ejemplo: matar matanza

aliar _____ acechar _____

cobrar _____ esperar _____

enseñar _____ mudar _____

tardar _____ confiar _____

• Escribe varias veces las palabras.

D Localiza seis palabras terminadas en **anza** o **ansa** en la sopa de letras. Escríbelas en orden alfabético.

C	S	I	Ñ	F	C	T	J	I	U	H	R	L	M	X	A
M	Y	O	N	K	E	O	Z	Y	B	V	F	K	W	Q	X
Q	R	P	N	F	I	A	N	Z	A	P	N	B	N	U	D
J	P	E	B	B	H	O	Y	S	Z	E	M	L	A	Z	N
Q	V	T	R	Z	L	A	G	Y	E	C	P	A	K	D	U
O	A	D	R	X	S	K	H	A	M	H	P	N	P	F	W
C	S	U	R	N	I	Y	I	G	N	T	X	Z	J	A	C
M	Ñ	I	A	A	E	G	M	T	G	S	Z	A	B	V	B
W	S	M	U	C	A	N	S	A	T	O	A	Q	S	D	K
Q	X	N	L	Ñ	F	O	W	J	Q	L	I	P	R	L	V
Q	I	E	N	S	E	Ñ	A	N	Z	A	J	Z	L	C	X
D	S	V	Ñ	W	G	T	N	H	V	C	K	R	J	B	E

_____

_____

_____

_____

_____

_____

E Lee con atención.

"El cliente siempre tiene la **razón**", dijo la dueña del restaurante cuando se enteró de que algunas personas se habían quejado de la comida de ese día; así que decidió contratar a una cocinera con mejor **sazón.**

FÍJATE:

> Se escribe con **z** la mayoría de las palabras terminadas en **zón**. Hay excepciones importantes: **tesón, masón, requesón, blasón** y **mesón.**

• Ordena alfabéticamente las excepciones; después busca su significado. Repite varias veces las cinco palabras terminadas en **són.**

F Forma palabras y escríbelas en orden alfabético.

ti

ta

ra

hincha ——→ zón

cora

dan

arma

_____

_____

_____

_____

_____

_____

_____

G Completa los cuadros. Pon especial atención en los acentos.

singular	plural
hinchazón	_____
_____	corazones
tizón	_____
_____	tazones

singular	plural
_____	armazones
razón	_____
_____	danzones
caparazón	_____

H Lee atentamente.

Aquella fiesta de fin de año en casa de mi abuela fue inolvidable. Estuvieron los **González**, los **Fernández**, los **Álvarez** y los **Hernández**. Hacía mucho tiempo que no se reunían todas las familias.

FÍJATE:

> Se escribe con **z** la terminación **ez** de algunos apellidos.

I Completa los cuadros con los datos que se piden.

Nombre	Apellido
Enrique	_____
_____	Núñez
Rodrigo	_____
_____	Martínez
Mendo	_____

Nombre	Apellido
Gonzalo	_____
_____	Fernández
Álvaro	_____
_____	Domínguez
Hernando	_____

J Elabora un crucigrama que contenga los apellidos terminados en ez que haya en tu grupo.

Horizontales

1. _____

2. _____

3. _____

Verticales

1. _____

2. _____

3. _____

K Lee con atención.

El profesor Tapia impuso serios castigos a los alumnos que causaron desorden en la clase de Español; Alfonso Gutiérrez le dio un **codazo** a Efrén Chávez; José López le dio un **manazo** a Luis Ortega, quien al saberse suspendido salió muy molesto y dio un **portazo**.

FÍJATE:

> Se escribe con **z** la terminación **azo** en los aumentativos o cuando la palabra expresa idea de golpe.

L Clasifica las palabras del cuadro en las columnas.

regalazo	fiestaza	rodillazo	zapatazo
latigazo	hachazo	perrazo	anillazo

aumentativo   **golpe**

_____   _____

_____   _____

_____   _____

_____   _____

M Escribe palabras relacionadas terminadas en **azo, aza**.

1. carro — carrazo
2. sable — sablezo
3. cabeza — cabezazo
4. bolsa — bolsazo
5. galán — galánazo
6. libro — librazo
7. aguacero — aguacerazo
8. disgusto — disgustazo
9. rodilla — rodillazo
10. teléfono — teléfonazo
11. gol — golazo
12. pelota — pelotazo
13. puño — puñetazo
14. maestro — maestrazo

15. carpeta — carpetazo
16. bat — batazo
17. tranca — trancazo
18. tipo — tipazo
19. amigo — amigazo
20. actor — actorazo
21. tacón — taconazo
22. dedo — dedazo
23. ojos — ojazo
24. sol — solezazo
25. cuero — cuerazo
26. araña — arañazo
27. timbre — timbrazo
28. zapato — zapatazo

Desarmar y reescribir párrafos a partir de ideas principales, secundarias y complementarias

• SEGUIMOS TRABAJANDO CON PÁRRAFOS INFORMATIVOS.

A   Observa cuidadosamente el ejemplo. Se trata de un párrafo compuesto de varios "bloques de ideas". Lo vamos a desarmar para volverlo a armar como si fuera el mecanismo de un reloj que necesitamos conocer muy bien. Más adelante, ya seremos capaces de construir nuestros propios párrafos, correctos, claros y bien estructurados.

> Un bloque de ideas contiene una principal y una o varias secundarias. Un bloque de ideas se distingue fácilmente porque empieza con mayúscula y termina con punto.

Lee con atención el párrafo. Fíjate que separamos los bloques de ideas con una raya diagonal (/), para poder verlos con facilidad.

La semana pasada fuimos a una excursión que organizó la escuela./ Primero visitamos las grutas de La Estrella que son realmente interesantes, aunque dicen que las de Cacahuamilpa son más grandes e impresionantes./ Después fuimos a un balneario que está en Ixtapan de la Sal, en donde nadamos, jugamos, comimos y nos divertimos mucho./ Regresamos a México en la tarde, cansados pero contentos.

Lo primero que tenemos que hacer es encontrar las ideas que hay en el párrafo. Fíjate en el esquema.

Ideas principales	Ideas secundarias	Ideas complementarias
La semana pasada fuimos a una excursión	que organizó la escuela.	
Primero visitamos las grutas de La Estrella	que son realmente interesantes	aunque dicen que las de Cacahuamilpa son más grandes e impresionantes.
Después fuimos a Ixtapan de la Sal a un balneario	en donde nadamos, jugamos, comimos y nos divertimos mucho.	
Regresamos a México	cansados pero contentos.	

Estudia el cuadro con cuidado.

ATENCIÓN: Un párrafo se basa en una **idea general** (la excursión). El párrafo se compone de varios bloques de ideas, en cada uno hay una idea principal que en ocasiones lleva unidas ideas secundarias; éstas, a su vez, pueden completarse con otras ideas (ideas complementarias). Recuerda que los bloques de ideas están separados por punto y seguido.

B Trabaja los siguientes párrafos de la manera que trabajamos el ejemplo anterior. "Desármalo" y vuélvelo a "armar" para que lo conozcas bien y te familiarices con su estructura.

En este ejercicio se dan las ideas generales y las principales.

PARA HACER EL EJERCICIO SIGUE ESTOS PASOS:

1° Separa los bloques de ideas. Puedes emplear una /.

2° Dibuja un cuadro para cada párrafo. Anota la idea principal que se te da en el lugar correspondiente y añade las ideas secundarias y complementarias que contenga el bloque. Recuerda que ninguna idea debe quedar fuera del cuadro.

3° Vuelve a escribir el párrafo incluyendo en él todas las ideas que encontraste.

4° Compáralo después con el que se da aquí para ver si dicen lo mismo. Tú sabes que puede variar un poco según el estilo, pero el contenido deberá ser el mismo.

Ejemplo:

A las siete de la noche llegó el detective para investigar el caso. / Primero inspeccionó el lugar y luego interrogó a todos los testigos. / Levantó un papel sin que nadie se diera cuenta, ya que le pareció una prueba importante. / Tomó las huellas dactilares de un vasc y de las perillas de las puertas, cuidando que nadie lo notara, para mandarlas al laboratorio. / Después mandó cerrar el lugar con el fin de que nadie pudiera entrar y todo permaneciera intacto, aunque ya antes habían entrado muchas personas.

La idea general es: Una investigación policiaca.
Hay cinco bloques de ideas en el párrafo.

Las ideas principales son:

1. Llegó el detective.
2. Inspeccionó el lugar.
3. Levantó un papel.
4. Tomó las huellas dactilares.
5. Mandó cerrar el lugar.

Ahora haces un cuadro y colocas ahí todas las ideas.
La idea general es: Una investigación policiaca.

Ideas principales	Ideas secundarias	Ideas complementarias
A las siete de la noche llegó el detective	para investigar el caso.	
Primero inspeccionó el lugar	y luego interrogó a todos los testigos.	
Levantó un papel	sin que nadie se diera cuenta, ya que le parecía una prueba importante.	
Tomó las huellas dactilares de un vaso y de las perillas de las puertas	cuidando que nadie lo notara para mandarlas al laboratorio.	
Después mandó cerrar el lugar	con el fin de que nadie pudiera entrar	y todo permaneciera intacto aunque ya antes habían entrado muchas personas.

Vuelve a escribir el párrafo sin ver el libro, sólo el cuadro con las ideas que elaboraste.
Compara tu escrito con el párrafo del libro.

1. Compramos una tienda de campaña y no pudimos armarla. A pesar de que leímos muy atentamente las instrucciones, no queda como se ve en el dibujo. Cuando armamos la parte derecha, la izquierda queda más baja, y si empezamos por la izquierda, la otra se cae. Unas veces nos faltan tubos y otras nos sobran, por lo cual estamos a punto de volvernos locos. No hay a quién pedirle ayuda porque estamos lejos de la ciudad. Creo que vamos a tener que dormirnos tapados con las lonas para no morirnos de frío.

   Idea general: Aventuras con una tienda.
   Ideas principales:

   1. Compramos una tienda de campaña.
   2. No queda como se ve en el dibujo.
   3. No queda equilibrada.
   4. Faltan o sobran tubos.
   5. No hay a quién pedirle ayuda.
   6. Creo que vamos a tener que dormir tapados con las lonas.

2. El número de ciegos en el mundo, que actualmente es de unos 40 millones de personas, aumentará en forma catastrófica en los próximos años, sobre todo en el Tercer Mundo, advirtieron científicos alemanes. En el curso de un seminario internacional realizado en Wurzburg, organizado por el Comité Alemán de Prevención de la Ceguera, los participantes estimaron que para el año 2000 podrá haber en el mundo alrededor de cien millones de invidentes. Aproximadamente las dos terceras partes de los ciegos que hay en el mundo viven en los países del Tercer Mundo. La causa más frecuente de la ceguera es la desnutrición permanente y otros factores que son consecuencia de la miseria. A veces bastarían algunos centavos de dólar por paciente para cubrir la falta de vitamina A y prevenir así la aparición de las dolencias que causan la pérdida de la visión.

   Idea general: El problema de la ceguera.
   Ideas principales:

   1. El número de ciegos en el mundo aumentará.
   2. Los participantes estimaron que para el año 2000 puede haber en el mundo alrededor de cien millones de invidentes.
   3. Aproximadamente dos terceras partes de los ciegos viven en los países del Tercer Mundo.

4. La causa más frecuente de la ceguera es la desnutrición permanente.
5. A veces bastarían algunos centavos de dólar por paciente para cubrir la falta de vitamina A.

3. El actor cinematográfico español Alfredo Mayo, murió ayer en una clínica de Palma de Mallorca a los 74 años. El actor fue internado el pasado lunes a causa de una súbita elevación de la presión arterial. Se encontraba en Palma de Mallorca grabando una serie para televisión española titulada *Tristeza de amor*, cuando se sintió repentinamente enfermo. El cadáver será próximamente trasladado a Madrid, donde se efectuará el sepelio. Con la muerte de Alfredo Mayo la cinematografía española pierde a uno de sus galanes más significativos de los años 40 y 50.

Idea general: Noticia sobre la muerte de un actor.
Ideas principales:

1. Murió ayer Alfredo Mayo.
2. Fue internado el pasado lunes.
3. Se encontraba en Palma de Mallorca grabando una serie para televisión.
4. El cadáver será próximamente trasladado a Madrid.
5. La cinematografía española pierde a uno de sus galanes más significativos de los años 40 y 50.

4. Margarita, la hermana de Luisa, vive en Barcelona desde hace ya dos años, porque consiguió una beca en la universidad. La beca, que ganó en un concurso muy reñido, le permite estudiar y vivir, aunque con economía, en Barcelona, que es una de las ciudades más bellas de Europa. Margarita va a estar allá dos años más, a menos que pierda la beca, aunque esto parece bastante improbable, porque ella es una persona responsable y estudiosa. Cuando regrese, Margarita piensa dedicarse a la enseñanza y a la investigación, aquí en México.

Idea general: La beca de Margarita.
Ideas principales:

1. Margarita vive en Barcelona.
2. La beca le permite estudiar y vivir en Barcelona.
3. Margarita va a estar allá dos años más.
4. Margarita piensa dedicarse a la enseñanza y a la investigación.

A Lee con atención.

El potrillo partió al **galope** dejando un **reguero** de tierra en su camino. No se detuvo hasta que **llegó** cerca de la **bodega**. Ese **lugar** le daba una especie de **seguridad**. **Águeda** y **Guillermo** se le acercaron sonriendo. No pasa nada, "**Juguete**", no seas miedoso, le dijeron mientras acariciaban su cabeza fina y **angulosa**.

El potrillo levantó la cabeza y miró a los muchachos con **angustia**. "Habrá que hacer **algo** —dijeron ellos— no es posible que le den miedo todos los animales: los **murciélagos**, las aves, las **águilas**... ¡hasta los **gusanos** y las **hormiguitas**!"

ATENCIÓN:

La letra **g** tiene dos sonidos: [**g**] y [**j**]

FÍJATE:

> La letra **g** suena como [**g**] antes de **a, o, u**. Para obtener ese mismo sonido antes de **e, i,** se agrega una **u: gue, gui**.

• Escribe las palabras en negritas.

ga	gue	gui	go	gu
___	___	___	___	___
___	___	___	___	___
___	___	___	___	___

B Escribe las palabras en donde queden bien.

juguete	guirnalda	águila	agotado	gaviota
guitarra	gusano	guionista	ceguera	jilguero
garbanzo	galleta	aguacate	pagoda	vago
agujero	guerrero	gallo	laguna	gobierno

ga	gue	gui	go	gu

• Escribe varias veces las palabras

C Completa con **ga, gue, gui, go, gu**.

1. bode___
2. a___jero
3. mona___llo
4. hormi___ta
5. man___ra

6. ho___ra
7. a___jón
8. hormi___
9. perse___r
10. hi___

11. estóma___
12. a___acero
13. a___sanado
14. ___ñol
15. meren___e

D Escribe el diminutivo de las palabras siguientes.

hormiga	arruga	amigo	tortuga
ombligo	higo	vago	pulga
espiga	estómago	barriga	lechuga

E Encuentra cuatro palabras con **gue** y cuatro con **gui**. Escríbelas en las líneas en orden alfabético.

C	E	J	S	F	K	F	A	E	L	A	B	L	G	J	D
M	L	Á	N	G	U	I	D	O	I	G	J	V	P	G	Y
E	O	R	C	B	S	L	N	A	I	U	D	N	Q	U	E
O	Ñ	G	P	U	V	Ñ	B	I	E	E	C	Ñ	U	I	O
F	I	S	H	S	E	G	U	X	P	R	O	A	H	S	C
K	U	M	B	C	H	L	O	B	Z	R	J	G	D	A	D
D	G	G	E	K	D	B	D	A	L	A	F	E	I	D	I
C	F	Q	U	T	O	H	A	J	T	S	B	O	H	O	P
A	M	J	U	G	U	E	T	E	M	E	M	J	A	D	A
E	O	D	P	C	K	H	U	L	B	G	U	Z	V	H	O
M	X	I	B	M	A	G	U	I	J	Ó	N	G	I	N	W
Y	T	Z	N	X	S	Y	X	I	V	T	N	K	E	L	H
Ñ	B	A	G	U	E	D	A	D	Z	H	Y	K	R	S	I
B	Y	C	L	F	X	Y	B	E	W	A	K	Z	G	C	A

_____

_____

_____

_____

_____

_____

_____

- Escribe varias veces las palabras.

F Lee atentamente.

El sábado recibí la ropa de la tintorería. **Pagué** el servicio como me indicó mi mama y le **entregué** la ropa a mi papá. Después **colgué** toda la ropa en su lugar.

FÍJATE:

colgar-col**gué**   pagar-pa**gué**   entregar-entre**gué**

G Completa el cuadro.

rogar	negar	pegar	obligar
rogué			
juzgar	**encargar**	**jugar**	**rasgar**
pagar	**entregar**	**regar**	**cargar**

H Trabaja como en el ejercicio G.

	perseguir	**conjugar**	**colgar**	**distinguir**
Hoy	persigo			
Ayer	perseguí			
Mañana	perseguiré			
	delegar	**conseguir**	**ahogar**	**vengar**
Hoy				
Ayer				
Mañana				

I Forma familias de palabras.

Ejemplo:	gota	gotera
		gotear
		gotita

juguete	

agudo	

gallo	

águila	

agujero	

gasto	

J Lee con atención.

Ángela no pudo participar en el Festival del Día de las Madres porque la operaron de las **anginas**; tampoco pudo presentar el examen de **álgebra**. El profesor **Rangel** va a aplicárselo antes de irse a **Argentina.**

FÍJATE:

> Se usa **g** después de **al, an, ar**. Excepto **aljibe, aljerife** y palabras poco usuales.

K   Escribe tres veces las palabras en negritas.

_____   _____   _____   _____

_____   _____   _____   _____

_____   _____   _____   _____

• Busca en el diccionario cinco palabras que empiecen con **alj**. Repítelas varias veces.

L   Localiza cinco palabras con **alg, arg,** o **ang** en la sopa de letras. Escríbelas a la derecha en orden alfabético.

J	A	S	A	Ñ	T	B	S	X	Ñ	I	T	P	E	N	G	Q
O	R	O	D	L	K	D	O	H	J	J	P	K	V	F	A	M
D	G	R	E	T	G	F	Q	Z	L	O	C	M	G	B	I	G
H	E	H	X	U	J	E	B	R	U	Q	A	N	G	E	L	H
O	N	R	K	Ñ	K	N	B	X	U	J	W	L	V	N	E	M
Y	T	G	A	H	I	Q	N	R	M	G	X	S	F	W	G	L
I	I	Y	C	E	X	C	Y	N	A	A	O	O	D	X	R	O
I	N	L	B	L	R	A	N	G	I	N	A	F	Z	G	A	T
S	O	M	S	S	T	C	T	H	T	Q	S	A	D	H	A	F

M Lee con atención.

Algunos animales causan miedo como los lobos o las serpientes; otros son considerados de mal **agüero** como el gato negro, y hay otros que inspiran ternura, es el caso de los **pingüinos**.

FÍJATE:

> Las **diéresis** (··) sobre la **u** de las sílabas **gue** y **gui** indican que la **u** debe pronunciarse.

N Clasifica las siguientes palabras.

agüero	ungüento	güero
agüita	halagüeño	antigüedad
pingüino	lingüista	lengüita

güe   **güi**

_____   _____

_____   _____

_____   _____

_____   _____

Ñ Forma palabras que lleven diéresis. Lee en voz alta.

antiguo _____   lengua _____

agua _____   ambiguo _____

halago _____   degollar _____

O Agrega diéresis a las palabras que deban llevarlas. Subráyalas.

Mercedes del Águila es una excelente alumna del 3o. C. Ella es guera, estudiosa y además sabe tocar la guitarra. Una vez tuvo un accidente en la cocina. Se quemó con un sartén; rápidamente su mamá le puso unguento, pero le quedó una cicatriz. Eso le da verguenza y desde entonces se tapa la mano con un guante.

P Lee con atención.

En la última junta de la Secundaria 139, los maestros de **Geografía** dijeron que agregarían en el programa algunos temas de **Geología**.

FÍJATE:

> Se escriben con **g** las palabras que empiezan con **geo** o con **gest**.

Q Ordena las palabras.

| geografía | gesticular | geometría | gestión |
| geofísica | geocentro | gesta | gesto |

geo   **gest**

_____ _____   _____ _____

_____ _____   _____ _____

R Completa el cuadro. Escribe una palabra relacionada con la que se da.

Ejemplo   geógrafo   geografía

_____ gestoría		_____ gesticular	
geómetra _____		geodesia _____	
_____ geofísica		_____ gestar	
geopolítico _____		gesto _____	
_____ geografía		_____ geólogo	

S Completa con **g, gue, gui, gu, gü** o **j**. Consulta tu diccionario si lo necesitas.

1. a____jero

2. hala____eño

3. ____ante

4. ____rrero

5. anti____o

6. aho____en

7. corri____iendo

8. ____elatina

9. encar____aste

10. reo____o

11. arcán____el

12. ha____amos

13. en__ar__olar

14. ___esticulador

15. persi____ó

16. ____alapeño

17. ____unio

18. un____ento

19. ____endarme

20. a____lucho

21. a____acero

22. Pania____a

23. anti____edad

24. a____itado

25. pa____

26. man____ra

27. diri____ido

28. conse____r

29. ____uicio

30. ____irasol

31. ____imnasia

32. hala____a

33. reco____er

34. te____occte

35. ____sado

36. a____ero

37. Á____da

38. ____á____ara

39. lin____ística

40. a____ente

Desarmar y reescribir párrafos a partir de la idea general

Continuamos desarmando y reescribiendo párrafos, pero ahora ya no te vamos a dar las ideas principales porque tú ya sabes cómo encontrarlas. Sólo te vamos a dar el párrafo y la idea general.

A Siguiendo el esquema de la lección 34, traza los cuadros en tu cuaderno o en una hoja de bloc y organiza las ideas en ellos. Cuando termines cambia tu trabajo con el de un compañero y escucha sus observaciones.

Idea general: La proteína "G".
Los científicos identificaron una proteína que puede desempeñar un "papel crucial" en la retención de la memoria, al permitir el aprendizaje a los animales, y posiblemente a las personas. Esta proteína, llamada G, permitiría que las células individuales del sistema nervioso registraran asociaciones aprendidas. Ahora tendrán que analizarla detalladamente y continuar con los experimentos. Este conocimiento tal vez nos lleve a facilitar el aprendizaje tanto en animales como en el ser humano.

Idea general: El uso de la energía solar.
Hasta el momento la energía solar sólo ha sido usada en forma experimental. No sabemos hasta cuándo se pueda usar masivamente. Para obtener esta energía se construyen campos solares que consisten en filas de espejos curvos que individualmente rastrean el sol. La industria solar tuvo un rápido comienzo a fines de la década de los setentas, cuando los altos precios del petróleo convencieron a la industria energética de que la energía solar podía ser más barata. Desgraciadamente, otras formas de energía le han ganado el terreno a la energía solar y nadie sabe cuánto tiempo más tendremos que esperar para poder utilizarla.

Idea general: La resistencia de las bacterias al uso de antibióticos.
Las bacterias que causan una gran variedad de enfermedades a los humanos, desde la diarrea hasta la neumonía, están desarrollando un alarmante índice de resistencia a los antibióticos. Los investigadores

informan que esa resistencia varía de un país a otro. Este problema preocupa a la comunidad científica porque está afectando con mayor intensidad a los países pobres. La causa principal es el uso indiscriminado de las diversas clases de antibióticos.

Idea general: La pérdida del sentido de orientación en las palomas.

Las erupciones solares registradas en junio pasado podrían ser la causa de la pérdida del sentido de la orientación de miles de palomas mensajeras en toda Europa, muchas de las cuales no han regresado aún a sus palomares. Las erupciones pueden haber alterado el campo magnético de la Tierra y, con ello, desorientado a las palomas. Cientos de palomas fueron soltadas y no hacían más que dar vueltas en círculos, totalmente desconcertadas. Lo más sorprendente es que estas alteraciones no sucedieron en todas partes del mundo.

Idea general: La redacción.

La redacción es una actividad que se aprende con el ejercicio continuo. Nadie aprende a redactar por obra y gracia de una varita mágica, como nadie nace sabiendo tocar un instrumento musical. La palabra escrita es tan móvil como una masa de plastilina que va tomando forma en las manos de quien la maneja. La palabra escrita es la representación gráfica de los pensamientos que necesitamos exponer para comunicarnos con la mayor soltura posible y así estar en contacto con los demás. La redacción nos ayuda a organizar nuestro pensamiento porque podemos ver gráficamente su expresión final y las etapas de su desarrollo.

Idea general: La contaminación de las aguas.

En muchos países del planeta la contaminación de las aguas ha alcanzado niveles alarmantes. Derramas de petróleo, residuos químicos, basura, drenajes y muchas otras causas están originando la extinción de seres vivos tanto en ríos y lagos como en los mares. Poblaciones enteras que vivían de la pesca se encuentran en la miseria y tienen la necesidad de emigrar para poder sobrevivir. Aguas que abastecían poblaciones completas se han vuelto inservibles. Si nosotros, los habitantes de la Tierra, no tomamos conciencia de la gravedad de esta situación, en pocos años habrá muchas zonas inhabitables en nuestro planeta y muchas especies extinguidas que hacen falta para mantener el equilibrio ecológico de la Tierra.

Usos de J

A Lee con atención.

En el siglo XIX los **mensajes** tardaban mucho en llegar, porque los **carruajes** llevaban todo tipo de **equipaje.** Esto ocasionaba que pesaran mucho y que los recorridos fueran muy lentos.

FÍJATE:

> Se escribe con **j** la terminación **aje.** Excepto: **ambages.**

B Escribe dos veces las palabras en negritas.

_____ _____ _____

_____ _____ _____

C Completa con **aje.**

1. almacen_____   4. homen_____   7. vis_____

2. equip_____   5. abord_____   8. par_____

3. salv_____   6. ole_____   9. pais_____

D Forma palabras y ordénalas alfabéticamente.

RAM

VI

LENGU

VEND ——————→ AJE

HOSPED

CARRU

PAS

_____

_____

_____

_____

_____

_____

_____

E Forma palabras agregando la terminación **aje**.

Ejemplo: carro   carruaje

alunizar _____   hospedar _____   rama _____

ola _____   equipo _____   lengua _____

montar _____   aprender _____   virar _____

aterrizar _____   espía _____   embalar _____

hierro _____   libertino _____   aprender _____

engrane _____   pillo _____   doblar _____

perito _____   pluma _____   patinar _____

tatuar _____   persona _____   mestizo _____

reporte _____   ropa _____   venda _____

• Escribe varias veces las palabras de los ejercicios anteriores.

_____ _____ _____ _____

_____ _____ _____ _____

F Coloca las palabras donde queden bien.

tatuaje	masaje	espionaje	plumaje
chantaje	peritaje	voltaje	porcentaje
reportaje	follaje	sabotaje	personaje

1. espiar _____

2. voltio _____

3. hoja _____

4. tatuar _____

5. reportar _____

6. chantajista _____

7. porcentual _____

8. personal _____

9. masajista _____

10. sabotear _____

11. perito _____

12. pluma _____

• Escribe varias veces todas las palabras.

• Da el significado de "ambages" y emplea la palabra en dos oraciones.

G Lee con atención.

El Centro Comercial que inauguraron en el norte de la ciudad está muy completo porque cuenta con todos los servicios: hay una **relojería**, una **cerrajería** y, además, un buen sistema de **mensajería**.

FÍJATE:

Se escriben con **j** los sustantivos y los adjetivos que terminan en **jero, jera y jería**. Hay una excepción importante: **ligero**.

• Forma una familia de palabras.

Ligero _____ _____ _____

H Completa el cuadro.

El que lleva mensajes. _____

_____ relojería

Taller de llaves y cerraduras. _____

_____ tijera

Hoyo. Boquete. Hueco. _____

_____ ropavejero

Maleficio. Engaño. Hechizo. _____

_____ cajera

Mujer que da consejos. _____

I Clasifica las palabras del ejercicio H en la columna correspondiente.

jero	jera	jería
_____	_____	_____
_____	_____	_____
_____	_____	_____

FÍJATE:

adjetivo   **obj**etivo

> Se escriben con **j** las palabras que empiezan con **adj** y **obj.**

J Forma palabras y después escríbelas en orden alfabético.

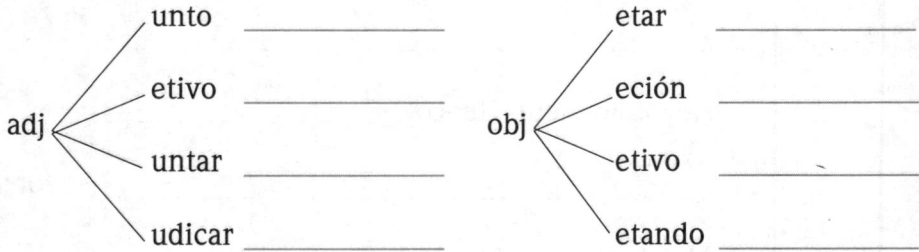

adj
- unto _____
- etivo _____
- untar _____
- udicar _____

obj
- etar _____
- eción _____
- etivo _____
- etando _____

• Vuelve a escribir todas las palabras.

K Forma familias de palabras.

adjetivo	

adjudicar	

objetar	

L Localiza seis palabras con **obj** o **adj** en la sopa de letras, después escríbelas a la derecha.

J	W	I	A	C	E	Y	I	O	A	Q	T	I	V	F	R	G	A
W	J	W	D	A	D	J	E	T	I	V	O	K	C	P	A	Ñ	O
O	A	T	H	B	H	J	S	A	P	O	A	B	P	Y	D	M	I
A	D	A	E	N	Q	C	F	X	Ñ	J	I	A	H	M	J	Y	B
Y	J	O	B	J	E	C	I	O	N	O	P	G	C	R	U	F	G
J	O	X	U	K	J	Y	B	R	V	J	U	U	K	X	D	A	R
M	T	S	N	C	H	G	X	I	R	I	F	G	H	B	I	W	E
G	N	B	F	F	D	Y	T	I	L	R	G	B	L	D	C	F	Y
M	U	N	M	G	D	E	E	O	L	Q	K	L	C	N	A	I	H
A	J	E	V	Ñ	J	K	S	A	H	G	A	M	B	D	R	W	B
L	D	H	V	B	O	W	P	U	F	W	X	B	W	F	B	J	I
B	A	L	O	B	J	E	T	A	F	H	A	B	A	K	T	K	G
S	G	E	T	S	V	I	A	X	J	A	I	H	X	T	C	F	K
K	X	C	B	F	T	C	X	B	Ñ	Ñ	A	F	E	T	W	X	B

_____

_____

_____

_____

_____

_____

Redactar párrafos a partir del tema y de las ideas principales

• EN ESTA LECCIÓN VAMOS A REDACTAR PÁRRAFOS.

A Redacta un párrafo en el que emplees las ideas que se dan. Agrega, además, todas las ideas que quieras. Recuerda que el párrafo debe ser claro. Divide las ideas en bloques separados por punto.

Ejemplo: Idea general: Un incendio.

Ideas principales: ¿En dónde fue? ¿Cuándo? ¿A qué hora? ¿Quién llamó a los bomberos? ¿Cuánto tiempo duró el incendio? ¿Quiénes vivían en el lugar incendiado?, etc.

La semana pasada todos los vecinos de mi colonia nos asustamos muchísimo porque se incendió un edificio en donde vivían doce familias y que tenía además dos locales comerciales, una farmacia y un salón de belleza. El incendio empezó como a la una de la mañana, en la planta baja del edificio, aunque no se sabe si fue en el salón o en la farmacia. Primero se oyeron muchos gritos y ruidos; después, vimos el fuego salir por las ventanas. Mi papá llamó de inmediato a los bomberos que llegaron muy rápido y después se fue al edificio incendiado para ayudar a sacar a las personas. El incendio duró varias horas pero afortunadamente no hubo desgracias personales.

1. Idea general: La contaminación de mares y ríos.

Ideas principales: Sus causas, efectos, incremento.
Magnitud del problema en México.
Soluciones (a corto y mediano plazo).
¿Qué se hace en otros países?, etc.

2. Idea general: Existencia de perros rabiosos en algún sitio.

   Ideas principales: ¿Cuándo empezó? ¿Cómo lo detectaron? ¿Cuáles han sido las consecuencias? ¿Qué se ha hecho al respecto? ¿Qué es la rabia? ¿Qué otro nombre recibe?, etc.

3. Idea general: Las pirámides de Egipto.

   Ideas principales: ¿En qué continente están? ¿Cuántas son? ¿Cuándo se construyeron? ¿Qué representan?, etc.

4. Idea general: La Revolución Mexicana.

   Ideas principales: ¿Qué período abarca? ¿Quiénes fueron sus principales caudillos? ¿Cuáles eran sus ideales? ¿Qué consecuencias trajo para el país?, etc.

5. Idea general: Las mariposas monarca.

   Ideas principales: ¿Qué tipo de mariposas son? ¿Cómo es su aspecto? ¿De dónde vienen? ¿A qué parte de México llegan? ¿Por qué es necesario conservarlas?

6. Idea general: Un sueño.

   Ideas principales: ¿Dónde estabas? ¿Qué hacías? ¿Quién más aparecía? ¿Por qué tenías miedo? ¿Quién te salvó? ¿En qué momento despertaste?

7. Idea general: Una fiesta de cumpleaños.

   Ideas principales: ¿De quién fue? ¿En dónde? ¿A qué hora empezó? ¿Hubo música viva? ¿Llevaron regalos? ¿Quiénes los llevaron? ¿Qué regalos? ¿Sirvieron algo de comer? ¿Qué? ¿Estuvo muy animada? ¿A qué hora terminó?

Revisión de C, S, Z, G, J

Practica lo aprendido:

A Anota la regla correspondiente.

1. lanza, vergüenza, trenza, acechanza.

REGLA: _____

2. cruz-cruces, nuez-nueces, lápiz-lápices.

REGLA: _____

3. rogar-rogué, negar-negué, pagar-pagué.

REGLA: _____

4. inglés, canadiense, holandés, francés, rioplatense, japonés.

REGLA: _____

5. ángel, argentino, álgebra, anginas, Argel, álgido.

REGLA: _____

6. mojarse, sentarse, vestirse, acostarse, regresarse.

REGLA: _____

7. adjetivo, adjudicar, objetivo.

REGLA: _____

8. círculo, circunscrito, circunstancia.

REGLA: _____

B Completa el cuadro de la siguiente manera.
a) Anota la palabra que falta en alguna de las dos primeras columnas.
b) Escribe una oración en la que emplees la palabra que anotaste.

	singular	plural	oración
1.	pez		
2.		lápices	
3.	nuez		
4.		tapices	
5.	raíz		
6.		cruces	

Completa con **cida, ciar, oso, osa, se.**

1. nervi _____   8. senten _____   15. ambici _____

2. homi _____   9. encontrar_____   16. sui _____

3. comer_____   10. oci _____   17. regresar _____

4. fratri _____   11. denun _____   18. vestir _____

5. dich _____   12. herm _____   19. estudi _____

6. marip _____   13. insecti _____   20. di _____

7. llamar _____   14. c _____   21. rati _____

D Completa el cuadro con la palabra o el significado que convenga.

significados	palabras
1. Extremidad superior.	
2.	braso
3. Construcción para habitar.	
4.	caza
5. Plana, lisa.	
6.	raza
7. Sirvo de modelo.	
8.	pozo

E Escribe una palabra terminada en **ción**, relacionada con la que se da.

1. detonar _____ 6. vacunar _____

2. terminar _____ 7. deformar _____

3. formular _____ 8. articular _____

4. preparar _____ 9. celebrar _____

5. operar _____ 10. ilustrar _____

F Escribe cinco palabras que contengan **ga, gue, gui, go, gu**.

ga $\left\{\begin{array}{l} \rule{5cm}{0.4pt} \\ \rule{5cm}{0.4pt} \\ \rule{5cm}{0.4pt} \\ \rule{5cm}{0.4pt} \\ \rule{5cm}{0.4pt} \end{array}\right.$ go $\left\{\begin{array}{l} \rule{5cm}{0.4pt} \\ \rule{5cm}{0.4pt} \\ \rule{5cm}{0.4pt} \\ \rule{5cm}{0.4pt} \\ \rule{5cm}{0.4pt} \end{array}\right.$

gu $\left\{\begin{array}{l} \rule{5cm}{0.4pt} \\ \rule{5cm}{0.4pt} \\ \rule{5cm}{0.4pt} \\ \rule{5cm}{0.4pt} \\ \rule{5cm}{0.4pt} \end{array}\right.$

gue $\left\{\begin{array}{l} \rule{5cm}{0.4pt} \\ \rule{5cm}{0.4pt} \\ \rule{5cm}{0.4pt} \\ \rule{5cm}{0.4pt} \\ \rule{5cm}{0.4pt} \end{array}\right.$ gui $\left\{\begin{array}{l} \rule{5cm}{0.4pt} \\ \rule{5cm}{0.4pt} \\ \rule{5cm}{0.4pt} \\ \rule{5cm}{0.4pt} \\ \rule{5cm}{0.4pt} \end{array}\right.$

- Escribe varias veces las palabras anteriores y localiza otras con **gue, gui, gu**. Practícalas.

G Completa las oraciones con **g** o **j**.

1. El pan a___eno hace al hi___o bueno.

2. Marisol tiene los o___os café oscuro.

3. Había mucha ___ente en el banco.

4. A César le gusta desayunar ___ugo de ___itomate.

5. Los asistentes al hipódromo llevan sus ___emelos.

6. La Tierra ___ira alrededor del Sol.

7. Dicen que las ___itanas pueden predecir el futuro.

8. ___amás entregues un examen sin revisarlo.

H Forma familias de palabras.

ángel	humareda	hermandad	habitante
cruce	deshabitado	crucificar	hermano
angelical	hermanar	desangelado	cruz
humo	ahumado	hermanastro	humear
habitar	inhabitable	cruzada	arcángel

Redactar párrafos a partir de la idea general

- SEGUIMOS ESCRIBIENDO PÁRRAFOS.

A   Redacta párrafos a partir de la idea general que se da.

1. La tala inmoderada de los bosques.
2. La película que vi ayer.
3. La producción de maíz en México.
4. Los mejores programas de televisión.
5. La cultura azteca.
6. Mi cantante favorita.

RECUERDA:

1º Generar las ideas que te van a servir de apoyo: ideas secundarias y complementarias. Hacer una lista con ellas.

2º Organizar las ideas. Relacionarlas y eliminar las que resulten innecesarias.

3º Escribir el párrafo.

4º Revisar y corregir el párrafo las veces que sea necesario.

5º Escribir la versión final del párrafo.

- Éstas no son las únicas ideas sobre las que puedes escribir.

Reunido con tu equipo comenta nuevas ideas para posibles escritos y redacta párrafos con ellas.

RECUERDA

A escribir se aprende escribiendo.

Mientras más escribas, más pronto lograrás un buen dominio de la redacción.

Usos de Y y LL

A Lee con atención.

Los anteojos de mi papá son de **carey**. Él dice que es un material tan valioso que hasta los **reyes** de la antigüedad lo contaban entre sus riquezas. Actualmente es difícil conseguirlo porque hay una **ley** que prohíbe su explotación.

ATENCIÓN:

> Se usa **y** al final de una palabra cuando ésta termina en diptongo. Si no hay diptongo, empleamos **i**.
>
> **maguey**   **bisturí**

B Completa con **ay, ey, oy, uy**.

magu<u>ey</u>	l<u>ey</u>	Urugu<u>ay</u>	mam<u>ey</u>
Paragu<u>ay</u>	est<u>oy</u>	s<u>oy</u>	Bomb<u>ay</u>
m<u>uy</u>	d<u>oy</u>	v<u>oy</u>	bu<u>ey</u>

C Clasifica las palabras anteriores.

ay	ey	oy	uy

• Escribe varias veces las palabras.

D Completa los cuadros.

singular	plural
virrey	_virreyes_
_____	mameyes
carey_____	
_____	bueyes

singular	plural
_____	convoyes
ley _~~____~~_	
_____	reyes
maguey _____	

E Lee con atención.

Yolanda es **yucateca**. Su **yerno** es marinero, por eso su hija ha viajado tanto y conoce casi todos los puertos de México.

FÍJATE:

> Se escribe con **y** la mayoría de las palabras que empiezan con **ye, yo, yu.**

F Clasifica las palabras del cuadro en la columna correspondiente.

Yucatán	yedra	yegua	yodo	yunta	yogur
yerno	Yolanda	yugo	yema	yoga	yugular

ye	yo	yu
_____	_____	_____
_____	_____	_____
_____	_____	_____
_____	_____	_____

G Completa con **ye, yo, yu**.

_____ yo	_____ gur	_____ xtapuesto
_____ gular	_____ rba	_____ do
_____ ma	_____ so	_____ go
_____ nque	_____ te	_____ nta

ATENCIÓN:

HAY EXCEPCIONES MUY IMPORTANTES:

- **llegar**   • **llenar**   • **llevar**
- **llover**   • **llorar**   • **lluvia**

H Escribe las palabras donde queden bien.

| llorón | llenazo | relleno | conllevar | allegarse |
| lleno | llanto | llegada | lluvia | llevadero |
allegado	lluvioso	sobrellevar	llorosa	llovizna
llegar	**llevar**	**llenar**	**llover**	**llorar**

I Lee atentamente.

En el grupo 1° "C" se formó un conjunto musical al que bautizaron como "**La Pandilla**". Los integrantes son unos **chiquillos** muy inquietos que se distinguen por el **brillo** de las **hebillas** de sus trajes **amarillos**.

FÍJATE:

> Se escriben con **ll** las palabras que terminan en **illā, illo.** En esta regla se incluyen los diminutivos y despectivos.

J Forma palabras y escríbelas en orden alfabético a la derecha.

molin
nud
pal   }illo
ded

_____
_____
_____
_____

mascar
cam
ard   }illa
nat

_____
_____
_____
_____

K Resuelve el crucigrama.

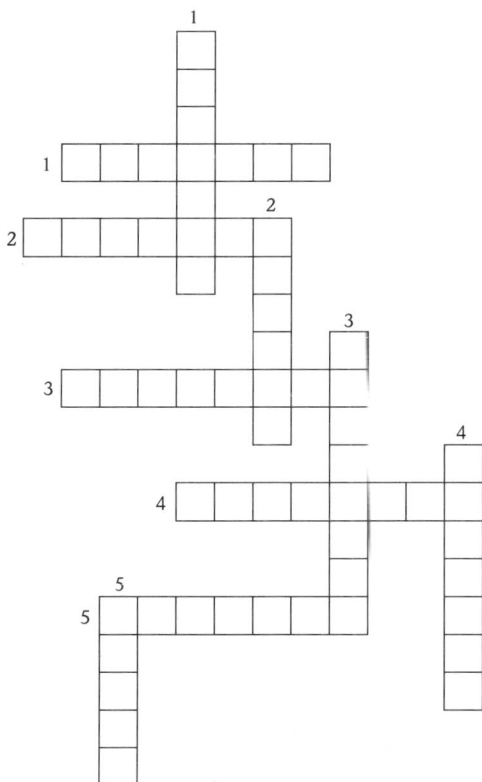

Horizontales

1. Cama angosta y portátil que se usa para transportar enfermos.
2. Utensilio con cerdas que sirve para limpiar la ropa, los dientes, etc.
3. Hoja de acero con mango de madera que sirve para cortar.
4. Herramienta que sirve para clavar.
5. Corredor. Pasadizo.

Verticales

1. Articulación situada entre el muslo y la pierna.
2. Línea que limita una superficie. Borde. Canto. Margen.
3. Objeto en forma de clavo, con rosca en la punta, que se introduce en la madera haciéndolo dar vueltas.
4. Cilindro de fierro, piedra, madera, etc., que sirve para aplanar superficies.
5. Sinvergüenza. Ladronzuelo. Travieso.

L Completa los cuadros.

Ejemplo: cepillo   cepillar

sustantivo	verbo
_____	encasillar
astilla _____	
_____	embotellar
cuchillo _____	
_____	atornillar

sustantivo	verbo
ladrillo _____	
_____	ensillar
rollo _____	
_____	orillar
maravilla _____	

FÍJATE: En ese lugar **hallamos** el tesoro. ¡Qué suerte que lo **hayamos** visto!

Ya habrás observado que los verbos en negritas tienen distinto significado aunque suenan igual.

OBSERVA:

No halla como escaparse.

Por más que buscaron, no hallaron el tesoro.

Cuando haya tiempo, haremos el trabajo.

Saldremos en cuanto hayamos terminado.

> • **Haya** corresponde al verbo **haber** y se escribe con **y**.
> • **Halla** del verbo **hallar** (que significa encontrar) se escribe con **ll**.

M Conjuga en antepresente de subjuntivo. Sigue el modelo.

ver	jugar	saber	aprender
haya visto			
hayas visto			
haya visto			
hayamos visto			
hayan visto			

N Conjuga el verbo **hallar** en los tiempos del modo indicativo que se piden.

	Presente	Pretérito	Futuro
yo			
tú			
él			
nosotros			
ustedes ellos			

Ñ Completa con la forma adecuada de los verbos **hallar** o **haber**.

1. Nadie _____ cómo decírselo.

2. Mario se va a la playa seguro de que ahí _____ descanso.

3. En cuanto _____ terminado de estudiar, te llamo.

4. Rita no ha llegado; no sabemos si le _____ dado el recado.

5. Jaime y Toño _____ a su perro en un parque.

6. Mi uniforme es un poco diferente, no sé dónde lo _____ comprado mi mamá.

7. Ustedes siempre _____ la manera de salir más temprano.

8. Para que _____ merecido un buen comentario de Luis, la película debe ser una buena obra.

9. Si no _____ el modelo que te pedí, mejor no compres los zapatos.

10. Nosotros sí comprendemos el problema, pero no _____ la fórmula para resolverlo.

• Escribe otras oraciones en las que emplees los verbos **hallar** y **haber**.

_____

_____

_____

_____

_____

_____

_____

Corregir y reescribir párrafos mal redactados

• VAMOS A CORREGIR Y REESCRIBIR PÁRRAFOS MAL REDACTADOS.

Observa este párrafo.

> Las tías de Pedro, que son hermanas de su papá y viven enfrente de un parque en donde a veces hacen exhibiciones de pintura que les gustan mucho porque siempre van pintores jóvenes que presentan cosas muy interesantes, tienen una casa de huéspedes.

ATENCIÓN:

> El abuso en el empleo de ideas secundarias, le resta claridad a un escrito.

Vamos a ver las ideas que contiene el ejemplo de arriba.

Idea principal	Ideas secundarias	Ideas complementarias
Las tías de Pedro tienen una casa de huéspedes.	Son hermanas de su papá. Viven enfrente de un parque.	En donde a veces hacen exhibiciones de pintura. Les gustan mucho. Porque siempre van pintores jóvenes. Que presentan cosas interesantes.

Si reorganizamos en bloques de ideas toda la información contenida en las ideas anteriores, le daremos al párrafo mayor claridad.

Las tías de Pedro, hermanas de su papá, tienen una casa de huéspedes. Viven enfrente de un parque en donde, a veces, hacen exhibiciones de pintura. A ellas les gustan mucho porque siempre van pintores jóvenes que presentan cosas interesantes.

A Lee, analiza y reescribe los siguientes párrafos de manera que las ideas tengan orden y claridad. Busca sinónimos para las palabras que consideres rebuscadas o de uso poco frecuente. Recuerda que la claridad también tiene que ver con el vocabulario.

1. Es necesario, dijo el maestro, que a pesar del mal tiempo y de las molestias que esto conlleva, pues la lluvia y el lodo dificultan la travesía, que vayamos a visitar las pirámides y el museo de Teotihuacán mañana.

2. Las muchachas que vienen desde tan lejos a la escuela, porque habitan como a 35 km de aquí y tienen que tomar el metro y varios camiones para llegar son las mejores alumnas lo cual parece increíble dadas las circunstancias que antes se enunciaron.

3. Nos costó trabajo hacer el ejercicio de redacción sin el diccionario que se nos había olvidado en la casa de Marta desde aquel día que nos reunimos allá, aunque no le pareció a su papá porque es un señor que tiene muchos prejuicios y no le gusta que vayan amigos de su hija cuando él no está.

4. El diccionario que ya el maestro nos había recomendado que adquiriéramos y que por cierto estuvo rebajado en la Librería de Cristal durante unos días, es caro porque es de importación, pero dicen que en el centro, en ésa y en otras librerías, hay muy buenos diccionarios de sinónimos nacionales que resultan más económicos.

5. Hay ciertos libros sobre todo aquellos que se emplean consuetudinariamente y que por lo mismo son de uso muy frecuente, y podría decirse que hasta casi indispensables para nuestros estudios, que es mejor comprar y tener en la casa.

6. Dice el doctor que la niña aunque ha estado bastante delicada no tiene nada grave puesto que le hicieron todo tipo de análisis y radiografías, amén de un estudio de ultrasonido, debe alimentarse y tomar mucho el sol, ya que presenta ausencia de vitaminas.

7. La madre que es una persona cuidadosa y responsable, sobre todo cuando se trata de esta niña que es la menor y que siempre ha parecido muy frágil, está muy preocupada por lo que dijo el doctor que debe comer mejor y a veces resulta difícil convencerla.

8. En aquellos días, además, su esposo con el que no ha podido comunicarse y que tiene una marcada predilección por su hija menor que está fuera de la ciudad en viaje de negocios no puede ayudarla.

B Localiza en algún libro un poema que te guste. Copialo con cuidado, poniendo especial atención en la ortografía y en los signos de puntuación.

_____

_____

_____

_____

_____

_____

_____

_____

_____

_____

_____

_____

_____

_____

43 Usos de H

A   Lee con atención:

Los bomberos, que acudieron rápidamente al llamado del señor **Humberto**, vieron la impresionante **humareda** a medida que se acercaban al lugar del siniestro. Una vez más los "**tragahumo**" dieron muestras de la **humanitaria** labor que realizan a diario.

¿Qué tienen en común las palabras en negritas?

> Las palabras que empiezan con **hum** se escriben con **h**. Excepto: **umbral, umbrío** y **umbilical.**

B   Escribe tres veces las palabras en negritas.

_____   _____   _____

_____   _____   _____

_____   _____   _____

C   Escribe familias de palabras.

> Recuerda que formamos palabras anteponiendo partículas como **mal, a, anti, sobre, re, des,** etc.
> Ejemplo: **humor**   **malhumorado**
>   **humo**   **ahumado**

humo		

humor		

humano		

humedad		

humillar		

D Encuentra las excepciones de la regla anterior. Escribe tres veces cada una.

W	Q	O	I	L	A	B	A	M	P
U	A	I	F	Z	K	M	B	R	L
C	M	R	B	I	N	O	M	I	O
I	U	B	I	I	A	Z	H	L	Ñ
C	S	M	I	T	F	E	J	F	I
L	B	U	O	L	A	R	B	M	U
E	N	U	C	X	I	J	S	B	M
T	L	Ñ	U	N	E	C	C	I	C
A	F	G	L	I	S	Y	A	V	C
C	U	F	A	R	X	A	K	L	G

E Lee atentamente.

El papá de mi compañero Andrés Corona trabaja en una planta de **hidrógeno** de una importante industria mexicana; su mamá tiene un cargo en la Secretaría de Recursos **Hidráulicos**.

De las palabras en negritas deducimos que:

> Todas las palabras que empiezan con **hidro** o **hidra** (que significa "agua") se escriben con **h**.

F Localiza las palabras. Consulta el diccionario. Vuelve a escribir las palabras en las líneas.

B	I	A	I	B	O	F	O	R	D	I	H
A	H	N	F	Z	K	M	B	R	L	O	I
R	I	H	I	D	R	A	T	A	R	N	D
E	D	W	X	I	A	Z	H	L	Ñ	E	R
F	R	B	N	D	F	E	J	F	I	G	O
S	O	U	O	B	R	A	L	W	K	O	G
O	P	U	C	X	Y	S	S	B	M	R	R
R	L	Ñ	U	N	E	T	G	I	C	D	A
D	A	G	L	I	S	Y	B	T	C	I	F
I	N	F	A	R	X	A	K	D	N	E	I
H	O	B	R	B	I	C	R	O	M	X	A

_____

_____

_____

_____

_____

_____

Horizontales

1. Combinar un cuerpo con el agua.

2. Horror al agua. Rabia.

3. Elemento químico. Símbolo H.

Verticales

1. Conjunto de las partes líquidas de la tierra.

2. Embarcación movida por una hélice aérea.

3. Parte de la Geografía.

G Completa las oraciones. No olvides usar el diccionario.

1. Una persona que no toma la cantidad suficiente de agua, se puede _____.
2. La torre Latinoamericana de la ciudad de México está sostenida con gatos _____.
3. El _____ es un elemento gaseoso, incoloro e inodoro.
4. Mi mamá usa una crema _____ para la piel.
5. Varios países basan su riqueza en los _____; es decir, en el "oro negro".
6. La _____ es muy útil en la rehabilitación de algunos enfermos.
7. La Secretaría de Recursos _____ coordina varias plantas de energía eléctrica en el país.
8. Los _____ también se emplean para rescatar a la gente en las inundaciones.

H Lee con atención.

La **historia** de la Medicina nos dice que esta ciencia ha evolucionado, desde la primitiva **herbolaria** (**hierbas** medicinales) hasta la ciencia médica actual, la cirugía y los modernos **hospitales**.

Fíjate que las palabras en **negritas** están escritas con **h**.

Las palabras que empiezan con **hist, host, herb, holg, horr** y **hosp** se escriben con **h**. Excepto: **Olga, ostra, ostión** e **istmo**.

I Escribe dos palabras relacionadas.

hospicio<

hostigar<

holgazán <

horror <

historia <

hierba <

• Escribe varias veces todas las palabras del ejercicio anterior.

J Forma familias de palabras.

historia

holgar

hospital

hispano

herbal

horror

K Localiza las excepciones en la sopa de letras. Después escríbelas a la derecha en orden alfabético.

I	B	I	B	O	O	L	G	A	I	H
X	A	X	C	E	D	S	R	L	Z	O
I	D	R	D	R	A	T	T	R	D	T
S	O	M	T	S	I	H	T	I	R	N
E	T	E	T	S	E	L	E	F	O	E
O	I	O	I	R	O	X	W	K	N	N

_____

_____

_____

_____

L Lee con atención.

Para cuidar nuestra salud es necesario tener una alimentación balanceada, rica en vitaminas y minerales. Por lo tanto, hay que consumir —entre otras cosas— **huevo**, por las proteínas; espinacas, por el **hierro**, y **huitlacoche** ya que también tiene varias propiedades alimenticias.

Te fijaste en las palabras en negritas, ¿verdad?

> Todas las palabras que empiezan con **hie**, **hue** o **hui** se escriben con **h**.

M Escribe palabras que empiecen con **hie, hue, hui**.

hie	hue	hui*
hielo	_____	_____
_____	hueso	_____
_____	_____	huipil
hierba	_____	_____
_____	huelga	_____
_____	_____	huichol

N Completa con palabras de la misma familia.

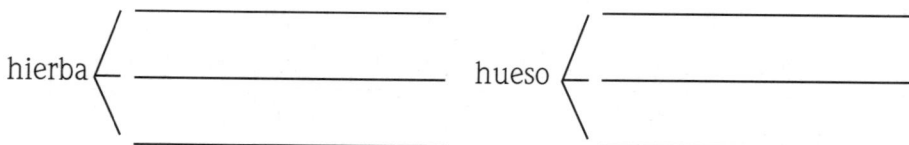

hierba ⟨ _____   _____   _____   hueso ⟨ _____   _____   _____

* En México existen muchas palabras que empiezan con **hui**. Localízalas, consultando a otras personas de tu comunidad, o en un diccionario de mexicanismos en la biblioteca.

44 Corregir párrafos
(La claridad, la exactitud y la sencillez)

• SEGUIMOS CORRIGIENDO PÁRRAFOS.

RECUERDA:

> Un párrafo debe ser claro, exacto y sencillo.
> Por **claridad** entendemos:
> • la expresión de una sola idea central;
> • el uso correcto de las palabras y los signos de puntuación;
> • el orden en la expresión de las ideas, así como el uso adecuado de los nexos.
> La **exactitud** se refiere a la expresión de una idea clara y precisa, que no pueda interpretarse en ninguna otra forma. En ocasiones, la falta de exactitud en lo que se dice cambia u oscurece el mensaje.
> La **sencillez** tiene que ver tanto con las ideas como con el vocabulario que se emplea. Se debe expresar únicamente la idea objeto del escrito, sin añadirle conceptos innecesarios, empleando palabras claras y evitando las palabras rebuscadas.

A Analiza, corrige y reescribe los siguientes párrafos. Indica la idea general de cada texto.

Ejemplo:
Héctor, sin duda mi mejor amigo, de quien te he platicado tanto porque vive cerca de mi casa, que me ayuda mucho con mis clases de música, aunque a veces no tiene tiempo porque él también toma sus clases de piano, a quien de veras quiero mucho porque es un gran amigo, ganó ayer, que por cierto fue un día muy lluvioso, los pronósticos deportivos, aunque casi nunca juega.

FÍJATE: El empleo excesivo de ideas secundarias y el desorden en que se presentan, da como resultado un párrafo oscuro, incoherente y confuso, además de horrible, desde el punto de vista del estilo.

Vamos a analizarlo (desarmarlo):
Idea general: Héctor ganó los pronósticos.

Ideas principales	Ideas secundarias	Ideas complementarias
Héctor ganó los pronósticos deportivos.	Ganó ayer. Aunque casi nunca juega.	
Yo quiero mucho a Héctor	Porque es un gran amigo	De quien te he platicado varias veces.
Con frecuencia me ayuda con mis clases de música.	Porque vive cerca de mi casa. Aunque a veces no tiene tiempo.	Porque él también toma clases de piano.

Observa que dejamos fuera del cuadro una idea: "que por cierto fue un día lluvioso". La eliminamos porque no tiene ninguna relación con lo que se está diciendo; en otras palabras, es una idea innecesaria.

Ahora, partiendo del análisis y clasificación de las ideas, reescribimos el párrafo.

Héctor, mi mejor amigo, ganó ayer los pronósticos deportivos, a pesar de que casi nunca juega. Yo lo quiero mucho porque es un gran amigo de quien te he platicado varias veces. Como vive cerca de mi casa, con frecuencia me ayuda con mis clases de música, aunque a veces no puede porque él también toma clases de piano.

Ésta es sólo una posibilidad. Hay varias maneras de redactarlo.

Trabaja los siguientes párrafos como en el ejemplo que se acaba de dar. Sigue los pasos que se dan a continuación.

1° Leer y señalar la idea general.
2° Analizar y organizar las ideas.
3° Reescribir el texto.
4° Corregir lo escrito.
5° Escribir la versión definitiva del texto, corregida y revisada.

1. Cuando estábamos cenando anoche vimos en la televisión que por cierto no funciona bien desde que Santiago estuvo un día jugando con ella que unos muchachos de Veracruz se habían ahogado en un río que queda cerca del puerto por un pueblo que se llama Alvarado en donde además hace muchísimo calor. Mi mamá llamó por teléfono a su hermana, mi tía que vive allá, en Veracruz preocupada porque mis primos que son aficionados al buceo y a la pesca acostumbran cuando no tienen clases ir al río que queda en ese pueblo. Afortunadamente mi tía dijo que sus hijos estaban bien, aunque no estaban en la casa pues como se había formado un grupo de salvamento formado por voluntarios ellos se habían ido para colaborar en el rescate de los cuerpos porque todavía a esa hora no habían aparecido todos, mi mamá se quedó más tranquila.

2. Como Natalia y Javier se van a cambiar a otro departamento invitaron a un grupo de amigos, claro que cercanos, y que además ellos han ayudado en situaciones semejantes, para que vinieran a ayudarlos, y además dijeron que iban a preparar sándwiches y cervezas para pasarla bien en medio del horror que es una mudanza. Además, como ellos son profesores tienen muchos libros que no quieren que se desorganicen porque luego cuesta mucho trabajo volverlos a clasificar, y eso aparte de que son tan caros y hasta no se consiguen algunos. Por eso, y porque no tienen suficiente dinero para pagar una de esas compañías que hacen mudanzas y empacan bien las cosas, aunque dicen que a veces se pierden cosas y no lo hacen tan bien. Lo bueno es que son sus amigos y que no tienen niños chiquitos que además habría que cuidar y siempre los niños se portan muy mal y las mudanzas son más difíciles.

3. En un pueblo cerca de aquí dicen que a una mujer de quien ya han dicho otras historias algunas muy raras y hasta mágicas, se le apareció un hombre todo vestido de negro montado en un caballo cuyo machete brillaba a la luz de la luna. La mujer asegura que el hombre, el cual era joven y guapo, le dijo que no quería hacerle ningún daño ni a ella ni a ningún habitante del pueblo aunque por el contrario estaba allí, pagando por un crimen que había cometido y que por eso era el guardián del pueblo, por cierto muy bonito pueblo, y que no pensaba hacerles ningún daño.

B   Completa las ideas del cuadro y redacta con ellas un párrafo claro y sencillo. ¿Por qué no intentas que además sea divertido?

Ideas principales	Ideas secundarias	Ideas complementarias
Esa noche se oyó el ruido por primera vez.		
Salieron todos los vecinos en piyama y bata.		
Nadie daba crédito a lo que veíamos.		
Terminamos riéndonos a carcajadas.		

Uso de R y RR

A Lee con atención.

La primavera nace
de no sabremos nunca
qué secretas **r**egiones
de la tie**rr**a sumisa,
del mar inacabable,
del infinito cielo.

XAVIER VILLAURRUTIA

> La **r** inicial y la **rr** en medio de palabra corres-
> ponden al mismo sonido: [**rr**].

RECUERDA:

La **r** es una letra que se duplica cuando representa al sonido [rr], si éste
va entre vocales. La **r** inicial nunca se escribe doble y siempre suena [rr].

B Clasifica las siguientes palabras.

rubio	arrojo	rabia	retazo	rapto
cerro	cigarro	rosal	gorro	derrumbe
roto	risa	barro	reto	torre
rodillo	cacharro	fierro	guerra	rocío
barrote	garra	jarro	rebozo	hierro
sierra	raza	rana	relato	ruta

Palabras con **r** inicial

_____ _____ _____

_____ _____ _____

_____ _____ _____

_____ _____ _____

_____ _____ _____

Palabras con **r** intermedia

_____	_____	_____
_____	_____	_____
_____	_____	_____
_____	_____	_____
_____	_____	_____

C Forma familias.

Ejemplo:

cerrar	cerradura
	cerrajería
	cerrojo

rosa	

forro	

carro	

rama	

rayar	

arreglo	

D Lee atentamente.

Israel Garcés, nuestro jefe de grupo, es conocido por su honradez. Por eso cuando hemos cooperado para hacer alguna fiesta o para comprar algún material le pedimos que sea el tesorero.

Observa que las letras en negritas son consonantes.

> La **r** inicial de la segunda palabra de un compuesto **no se duplica**, si la letra anterior es una **consonante**.

E Completa con **r** o **rr** según corresponda. Escribe después toda la palabra.

en ____ ollar   sub _____ ayar   en____ olado

_____   _____   _____

hon ____ adez   al ___ ededor   en ____ ejar

_____   _____   _____

en ___ edado   en __ iquecedor   Is ___ ael

_____   _____   _____

• Lee en voz alta las palabras que acabas de escribir.

ATENCIÓN:

para rayos   pararrayos

La primera palabra termina en vocal, la segunda palabra inicia con una **r**. Al unirlas se duplica la **r**.

> La **r** inicial de la segunda palabra de un compuesto **se duplica** si la letra anterior es una **vocal**.

F Escribe **r** o **rr** según convenga. Después anota toda la palabra.

hazme ___eír*   banca ____ ota*   semi ___ ígido

_____   _____   _____

auto____ etrato   semi ____ ecto   pre ____ omántico

_____   _____   _____

anti ___ eglamentario   pre___equisito*   pre ___ ogativa*

_____   _____   _____

G Busca el significado de las palabras marcadas con asterisco en el ejercicio anterior. Escríbelo en tu cuaderno y elabora una oración con cada una.

H Lee en voz alta.

No es agua ni arena
la orilla del mar.

El agua sonora
de espuma sencilla,
el agua no puede
formarse en la orilla.

Las cosas discretas,
amables, sencillas;
las cosas se juntan
como las orillas.

JOSÉ GOROSTIZA

> La **r** en medio de palabra tiene sonido suave [**r**], cuando va entre vocales.

I Completa con **r** o **rr** según convenga.

ca ___ oza	ta ___ o	ca ___ iñoso
pa ___ ado	pu ___ o	Con ___ ado
en ___ edo	ca ___ icia	ho ____ ible
de ___ echo	fu ___ or	en ____ aizar
consulto ___ io	ama___ar	pa ___ illa
pa ____ anda	joye ___ o	al ___ ededor
tie ___ a	cla ____ idad	flo ___ e ___o

- Escribe las palabras completas en orden alfabético en tu cuaderno, después clasifícalas como en el ejercicio B.

J Subraya con una línea las palabras que tienen **r** con sonido suave, y con dos líneas las que tienen sonido fuerte.

Muchas no saben guisar
tantito chile con queso,
y ya se quieren casar,
¿de qué taconean tan recio?

Muchas niñas aun mocosas
sólo pretenden fingir,
se ocupan en escribir
sus cartitas amorosas:
pero no hacen otras cosas
que les pueda aprovechar,
como coser y guisar,
o cosas de religión;
no salen del cascarón
y ya se quieren casar.

Al pasar por el puente
de San Francisco
el demonio de un fraile
me dio un pellizco.

Y mi madre me dice,
con gran paciencia:
deja que te pellizque
su reverencia.

Lírica popular,
ARCHIVOS DE 1796.

225

K Clasifica las palabras del texto anterior en la columna correspondiente.

r inicial	rr en medio de palabra	r suave intervocálica
_____	_____	_____
_____	_____	_____
_____	_____	_____
		_____
		_____

L Completa los cuadros con la palabra simple o compuesta que convenga.

simple	compuesta
raya	_____
_____	matarratas
real	_____
_____	enraizar
rayo	_____
_____	irreverente
rompible	_____

simple	compuesta
_____	enrojecer
rico	_____
_____	irremediable
reja	_____
_____	subreino
regular	_____
_____	desramar

Analizar y reestructurar un texto compuesto de varios párrafos

• VAMOS AHORA A TRABAJAR CON UN TEXTO COMPUESTO DE VARIOS PÁRRAFOS.

A Lee con atención el texto siguiente.

Cuando hablamos lo que hacemos es expresar nuestras ideas. Lo mismo sucede cuando escribimos, aunque nos valemos de un medio de expresión diferente: la escritura. Es obvio que el habla y la escritura no se formulan de la misma manera; lo que muchas veces es posible y aceptable en la lengua oral, no lo es en la lengua escrita.

Al hablar estamos sujetos a muchas circunstancias —la mayoría de ellas no lingüísticas— como distractores, estados de ánimo o alteraciones físicas (nervios, miedo, alegría, emoción, dolor, etc.), ruidos, desatención de nuestro interlocutor, etc., que afectan directamente a la forma en que nos expresamos. Por ejemplo, si una persona está muy nerviosa o asustada, su habla puede resultar entrecortada, con algunas ideas incompletas, mal formuladas. Si tú, por ejemplo, presentas un examen oral para el que no estudiaste nada, no vas a hablar con mucho aplomo, ¿verdad? Estarás un poco tenso, nervioso, preocupado porque puedes reprobar, y eso se reflejará en tu habla. Además, en la expresión oral no siempre es necesario "decir todo", por lo general, nos apoyamos en una serie de elementos comunicativos no lingüísticos (gestos, ademanes, entonación, toses, carraspeos, miradas, etc.), que hacen que la lengua oral sea todavía más diferente de la escrita.

La escritura es una forma de expresión a la que no afectan los factores mencionados arriba. La escritura es más pensada, más reflexionada que la lengua oral. Lo primero que hacemos al sentarnos a escribir es poner en orden nuestras ideas. Según el tipo de escrito del que se trate, elaboramos un lista de ideas y les damos una secuencia. Además, una vez terminado el escrito podemos leerlo y corregirlo cuantas veces sea necesario. Esto hace que el texto escrito esté mucho más apegado a las reglas de la lengua que el mensaje oral. La expresión es más cuidadosa, más exacta. Por supuesto que también es posible que se dé una situación en la que escribimos algo cuando estamos nerviosos o cuando nos duele la cabeza. En ocasiones es así. Pero la escritura, antes de ser un texto definitivo, es un borrador. Se puede corregir, revisar y volver a revisar, y sólo entonces podremos decir que se trata de un escrito definitivo.

B Ya has trabajado mucho con el análisis y redacción de párrafos. En esta ocasión vamos a trabajar con un texto compuesto de varios párrafos: el texto A, que acabamos de leer.

1° Le asignamos un título al texto. Lee cuidadosamente el texto dos o tres veces y asígnale un título. Este título debe estar estrechamente relacionado con el tema que se trata, es decir con las ideas generales que contiene el texto.

2° Localiza los párrafos del texto. Advierte que en esta ocasión hemos puesto un doble espacio entre los párrafos que te ayudará a verlos con mayor facilidad. Pero tú sabes que esto no siempre es así, que hay criterios para decidir dónde termina un párrafo y dónde empieza otro.

Localiza los párrafos y señala cuáles son los criterios para saber el principio y el fin de cada uno.

3° Lee cuidadosamente el primer párrafo hasta que encuentres cuál es la **idea general** que contiene. No estamos hablando de ideas principales y secundarias sino de idea general; es decir, de qué trata el párrafo, en general.

• La idea general del párrafo 1 es:

       a) El aprendizaje de las lenguas.
       b) Lengua oral y lengua escrita.
       c) La enseñanza de la redacción.

• Lee cuidadosamente los otros dos párrafos y señala la **idea general** de cada uno.

Párr. 2. _____

Párr. 3. _____

- Analiza el texto de la manera que ya sabes. Trabaja párrafo por párrafo; señala las ideas que contienen (principal, secundarias y complementarias).

- Vuelve a escribir todo el texto sin consultar el original. Hazlo valiéndote sólo de las ideas que clasificaste.

- Revisa bien tu borrador y hazle todas las correcciones necesarias antes de intercambiar tu trabajo con el de otro compañero para su evaluación.

C Trabaja el siguiente texto.

Mónica Mateos □ David Summers, exvocalista del grupo español Hombres G, regresa a la música pop, "más comercial", con *Per-dido en el espacio*, un disco "más abierto para la gente, más divertido, más optimista", luego de que su anterior producción —la primera en solitario— pasó prácticamente inadvertida hace dos años.

Con la idea de que la música es sólo para entrete-ner y "la que yo hago debe de servir para que la gente se olvide de sus problemas", no se comprom-ete con ideo-logía alguna ni quiere aconsejar a nadie y reitera: "Lo único que quiero es entretener y que la gente disfrute con una canción mía, ya sea porque es divertida o porque es romántica, pero siempre que la cuestión sea alegrar."

Perdido en el espacio no marca un cambio radical en el estilo de música que hace David. Los temas son simplemente más ricos y utilizan guitarras eléctricas, pero las letras siguen hablando del amor como "el tema más interesante que se puede tratar en una canción, porque es el sentimiento que nos afecta a todos".

LA JORNADA, 3 de abril de 1997.

A Lee con atención.

La **imprudencia** provocó un accidente en la carretera. La **compañía** de seguros **indemnizará** a los lesionados para cubrir los daños materiales. Lo que resulta más difícil de solucionar es el daño físico de un pasajero que sufre **amnesia** por un golpe recibido en la cabeza.

Fíjate en las palabras en negritas.

> Antes de **p** o **n** siempre se escribe **m**.

B Completa con **mn** o **mp**.

co ____ adre	a _____ istía	i _____ erio
ó _____ ibus	ca ____ estre	so ____ oliento
gi ____ asia	colu ____ io	inde ____ izar
sole _____ e	si ____ ático	va _____ iro

C Escribe diez palabras con **mn** y diez con **mp**. Usa tu diccionario.

mn	mp
_____	_____
_____	_____
_____	_____
_____	_____
_____	_____
_____	_____
_____	_____
_____	_____
_____	_____
_____	_____

D Resuelve el crucigrama con los sinónimos correspondientes. Recuerda que deben ser palabras con **mp** y **mn**. Consulta un diccionario de sinónimos.

Escribe las palabras en las líneas.

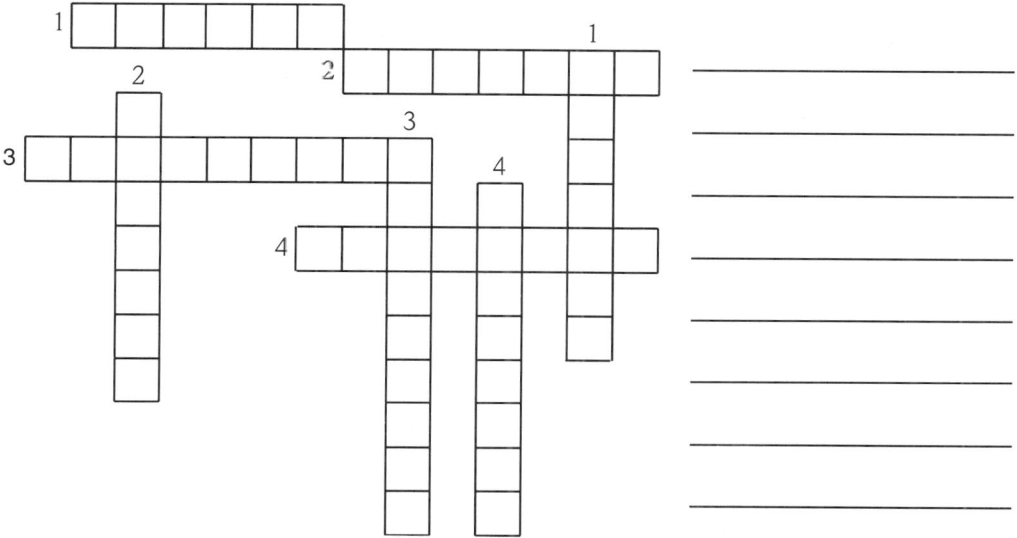

Horizontales

1. Acción de amparar. Protección.
2. Iniciar.
3. Vencedores en una lucha o en una competencia deportiva.
4. Aseados.

Verticales

1. Pérdida de la memoria.
2. Autobús.
3. Medicamento que sirve para producir sueño.
4. Ejercicios o movimientos metódicos del cuerpo.

FÍJATE:

envidia   conmover   informe

Observa que las palabras tienen una **n** antes de **v**, **m** y **f**.

Antes de **f, m, v** se usa **n**.

E Escribe las palabras de arriba en la columna correspondiente.

infantil	envidia	ánfora
convertir	inmundo	envinado
conmover	enmienda	invitar
enmudecer	informal	enfermo
envenenar	confianza	inmueble

nv	nm	nf

F Forma familias de palabras.

sinfonía	

invitar	

infante	

convertir	

confiar	

envidia	

G Lee atentamente.

Es **innegable** el entusiasmo y la participación activa de los alumnos en la clase de español. Son **innumerables** los trabajos de buena calidad que han presentado los muchachos.

Observa que en las palabras en negritas se duplica la **n.**

> Se usa **doble n** con palabras compuestas por una partícula terminada en **n** (**en, in, con**) y una palabra que también empieza con **n.**

H Completa los cuadros.

Ejemplo: negro   ennegrecer.

navegar	_____
_____	innegable
necesario	_____
_____	negro
natural	_____

noble	_____
_____	innato
número	_____
_____	innovar
nombre	_____

I Completa con las palabras del ejercicio anterior.

1. Es _____ su horrible forma de ser.

2. Con las lluvias el río está _____.

3. El cielo _____ de pronto. Va a llover.

4. Yo creo que es _____ llevar otra maleta si sólo estaremos hospedados un día.

5. Ésta es una virtud _____ de esa persona.

6. Cuando la noche está despejada la cantidad de estrellas es _____

7. Daniel tiene cualidades _____ para la pintura.

8. Este año habrá _____ en los planes de estudio.

J Localiza en tu diccionario otras palabras que lleven **mp, mn, nv, nm, nf** o que empiecen con **inn, enn**. Escríbelas a continuación.
  Puedes dictarle las palabras a un compañero con el objeto de verificar el avance en ortografía.

_____ _____ _____ _____

_____ _____ _____ _____

_____ _____ _____ _____

_____ _____ _____ _____

_____ _____ _____ _____

_____ _____ _____ _____

_____ _____ _____ _____

Redactar texto compuesto de varios párrafos

A En esta ocasión vas a redactar un texto. Para hacerlo revisa tu lección anterior, pues seguiremos el mismo procedimiento.

1° Elige uno de los temas que se dan a continuación.

1. La organización de una fiesta.

2. La visita a unas grutas.

3. El huracán Andrés.

2° Piensa en las tres ideas generales que vas a manejar para construir un texto de tres párrafos.

3° Trabaja el primer párrafo. Haz una lista con las ideas principales que vas a incluir en él, en los diferentes bloques de ideas. Escribe también las ideas secundarias. Redacta el párrafo.

4° Trabaja los párrafos 2 y 3 igual que en el paso anterior.

5° Escribe un texto compuesto de los tres párrafos. Haz un borrador. Revísalo. Añádele todas las ideas que consideres que pueden complementarlo, cuidando siempre que no resulten innecesarias o sin relación con el tema. Recuerda que no se trata de añadirle "paja" al texto, sino de lograr que éste sea claro y completo; que no le falten ideas, pero que tampoco le sobren. Revísalo una vez más. Pásalo en limpio.

Usos de X

A Lee con atención.

¡No inventes más **excusas** para evitar lavar el coche!, **exclamó** el señor Roberto Cruz al ver la **expresión** de fastidio de su hijo Antonio.

¿Qué tienen en común las palabras en negritas?

Hay muchas palabras que empiezan con **ex** (exigir, exilio, existir, etc.).

Hay otras palabras que se forman anteponiendo la partícula **ex**, que denota:

- "fuera" o "más allá" de cierto espacio, límite de lugar o tiempo (expandir, exportar, extender);
- negación o privación (exheredar, excomulgar);
- encarecimiento (exclamar).

B Repite dos veces las palabras en negritas.

_____   _____   _____

_____   _____   _____

C Forma familias de palabras.

		extracción
Ejemplo:	extraer	extraído
		extrajo

éxito	

exacto	

existir	

exterior	

extenso	

extinguir	

exportar	

expresar	

examen	

exterminar	

ATENCIÓN:

exacto	**exó**tico	**exu**berante
exagerar	**exo**rcismo	**exu**ltar

PERO:

exento	**exce**der	**exi**gir	**exci**tar
exequias	**exce**lente	**exi**lio	**exci**piente

Antes de **e** o de **i** puede escribirse **ex** o **exc.**
Esto último sucede en las palabras:

exceder	**excelente**	**excelso**	**excéntrico**
excepción	**excipiente**	**excitar**	

y sus derivados y compuestos.

• Consulta tu diccionario siempre que tengas dudas ortográficas.

D Localiza en la sopa de letras tres palabras con **exc** y tres con **ex**. Después escríbelas a la derecha en orden alfabético.

I	B	O	E	X	C	E	D	E	R
E	X	C	E	S	O	L	Z	O	U
I	D	R	A	T	T	R	D	T	F
S	O	A	Z	H	L	I	R	N	M
E	T	N	E	L	E	C	X	E	J
O	I	R	A	X	W	K	R	X	X
W	X	Y	M	I	O	U	W	E	S
Q	E	R	A	Y	O	D	R	R	D
Z	T	R	Y	I	C	R	O	L	Ñ

ex

_____

_____

_____

exc

_____

_____

_____

E Forma palabras y escríbelas dos veces en las líneas.

elencia _____ _____

edente _____ _____

exc elso _____ _____

eso _____ _____

esivo _____ _____

F Encuentra cuatro palabras de la misma familia.

exceder   excelente   excepción   excitar

• Escríbelas en cuadros como ya sabes. Evalúa tu trabajo en la clase, cambiándolo con el de un compañero.

G Lee con atención.

Se dieron a conocer de manera **extraoficial** los tres primeros premios del concurso de cuento. Se dice que el ganador del primer lugar realmente tiene una imaginación **extraordinaria**, porque su relato contiene varios personajes **extraterrestres** muy bien logrados.

> La partícula **extra** que se antepone a ciertas palabras para indicar "fuera", se escribe con **x**.

H Completa los cuadros.

límite _____	plano _____
_____ extragrande	_____ extrapolar
terrestre _____	ordinario _____
_____ extramuros	_____ extraterritorial
radio _____	oficial _____

ATENCIÓN:

Hay muchas palabras que se escriben con **x** y no siguen ninguna regla. Vamos a escribir algunas:

taxi   oxígeno   mixto   sexto   pretexto

I Completa con la forma correcta de las palabras anteriores.

1. Los viernes es difícil conseguir un _____

2. Siempre pone _____ para no ayudar en su casa.

3. Ricardo vive en la _____ manzana de la colonia.

4. El _____ es el elemento más importante para la vida del hombre.

5. El cereal _____ contiene arroz y trigo.

Escribir una carta a partir de ideas dadas

- En estas dos últimas lecciones de Redacción vamos a ejercitar todo lo que sabemos, escribiendo cartas.

Las cartas, como cualquier otro escrito, se forman con párrafos, cada uno de los cuales gira en torno a una idea general. El párrafo —tú ya lo sabes— se divide en bloques de ideas, para darle claridad y orden a nuestra expresión. Cada bloque de ideas, a su vez, tiene una idea principal y otras secundarias.

Vamos a escribir una carta a partir de una idea global.

Idea global

Salió en el periódico un anuncio en el que ofrecen viajes a personas que quieran viajar a la Luna y colonizarla. Los candidatos deben ser casados, jóvenes, sanos, inteligentes y estudiosos. Tú estás interesado en obtener informes, aunque no seas casado.

Tema de la carta

Solicitud de informes sobre el viaje a la Luna.

Ideas generales:

1. Saludo.
2. Motivo de la solicitud.
3. Descripción del que escribe.
4. Despedida.

Recuerda que cada idea general corresponde a **un párrafo**. Éste se compone de **bloques de ideas**, cada uno con una **idea principal** y otras **secundarias** o **complementarias**.

Párrafo 1 (1 bloque de ideas).

Idea principal: Encabezar la carta.

Estimados señores miembros del Comité Espacial:

> Recuerda que usamos dos puntos después del saludo.

Párrafo 2. (1 bloque de ideas)

Idea principal: Me dirijo a ustedes para solicitar informes.

En relación con su anuncio publicado en el diario *La Jornada* del pasado lunes 19 de octubre, me dirijo a ustedes para solicitar informes detallados sobre la elección de los colonos que irán a habitar en la Luna, a partir del próximo diciembre.

Párrafo 3 (5 bloques de ideas).

Ideas principales:

1. Informar sobre mi edad y mi escolaridad.
2. Soy sano.
3. Reúno todos los requisitos excepto ser casado.
4. Esto puede resolverse.
5. Tengo una novia.

Sobre los requisitos que ustedes exigen para los candidatos, deseo informar a ustedes que tengo 13 de años de edad, estudio Primero de Secundaria en la Escuela "Alfonso Reyes", y llevo hasta el momento un promedio de 9.8, puesto que dedico todo mi tiempo al estudio, aunque también soy aficionado a los deportes. Soy un joven muy sano, pues nunca he tenido ninguna enfermedad ni operación. Como ustedes notarán reúno todos los requisitos —soy joven, inteligente, estudioso y sano—, excepto uno: soy soltero. Sin embargo, esto último puede resolverse fácilmente ya que me puedo casar en cuanto esté aceptada mi solicitud. Tengo una novia que se llama Maricela y que está de acuerdo en acompañarme a la Luna y en quedarse a vivir allá.

Párrafo 4 (1 bloque de ideas).

Idea principal: Despedida.

En espera de su respuesta, envío a ustedes un atento saludo.

A Escribe toda la carta anterior en una hoja de bloc. Agrégale un encabezado, lugar, fecha y firma.

B Redacta una carta a partir del tema y la idea global que se dan.

Tema: Declaración de amor.

Idea global: Tú estás enamorado de una chava (o de un chavo) que no lo sabe, y le vas a escribir para declararle tu amor. Sólo conoces a esa persona de vista y porque te han hablado de ella, pero estás muy enamorado. Aunque ésta es la tercera vez que te enamoras, sabes que es la definitiva y que se trata del "gran amor".

Escribe una carta de cuatro párrafos.

1. Saludo.
2. Elogio de las virtudes de la persona a quien va dirigida, que son el motivo por el cual el que escribe está tan enamorado.
3. Descripción del que escribe la carta y de cómo conoció a la persona a quien va dirigida.
4. Declaración de amor. Cuándo se enamoró y por qué.
5. Petición de respuesta y despedida.

Redacta tu carta de amor. Cámbiala con la de algún compañero y haz tus observaciones sobre la redacción, el estilo y la forma de la carta. Escucha y atiende las observaciones que hagan sobre tu trabajo.

Los números

A Lee en voz alta.

A las **ocho** me dio sueño,
A las **nueve** me dormí,
A las **dos** de la mañana
desperté pensando en ti.

El lunes me picó un piojo
y hasta el martes lo agarré;
para poderlo lazar,
cinco reatas reventé.

RETAHÍLAS

ATENCIÓN:

Los números del 1 al 29 se escriben con una sola palabra, así como las decenas y las centenas.

dieciséis   **veintitrés**   **doscientos**

B Escribe con letra.

1 _uno_	21 _____	100 _____
3 _d_	23 _____	200 _____
9 _____	28 _____	500 _____
11 _____	34 _____	600 _____
18 _____	52 _____	900 _____

C Completa el cuadro.

1	11	21	31	41
uno				
2	12	22	32	42
3	13	23	33	43
4	14	24	34	44
5	15	25	35	45

D Continúa como en el ejercicio C.

6	56	66	76	86
7	67	77	87	97
8	78	88	98	108
9	89	99	109	119
30	50	70	80	90

E Completa el cuadro con el número faltante. Escríbelo con letra.

unidades	decenas	centenas
uno	once	ciento once
_____	doce	_____
_____	_____	ciento trece
cuatro	_____	_____
_____	quince	ciento dieciséis
_____	_____	_____
siete	_____	_____
_____	dieciocho	ciento diecinueve
_____	_____	

F Escribe una oración en la que emplees los números que se dan. Escribe los números con letra.

1. (17) _____

2. (123) _____

3. (300) _____

4. (56) _____

5. (116) _____

6. (900) _____

7. (23) _____

8. (26) _____

G   Lee.

El día **veintiuno** de mayo es cumpleaños de Mario.
Cumple **veintiún** años.

El **treinta y uno** es el examen de matemáticas.
Voy a un día de campo con mis **treinta y un** compañeros.

> Cuando va antes de un sustantivo, el número 21 pierde la **o** y lleva acento en la **u**, porque se convierte en una palabra aguda terminada en ene: **veintiún**.
>
> Esto mismo sucede con los números 31, 41, 51, etc.; pero éstos no llevan acento escrito porque no forman una sola palabra.

H   Escribe dos oraciones empleando los números que se dan. Coloca el número antes y después del sustantivo.

1.   (61)   _____

_____

2.   (131)   _____

_____

3.   (21)   _____

_____

4.   (81)   _____

_____

5.   (221)   _____

_____

6.   (101)   _____

_____

I Escribe los números siguientes. No olvides los acentos y el empleo de **sc**.

RECUERDA:

- Los números 16, 22, 23 y 26 siempre llevan acento escrito.

  dieciséis   veintidós   veintitrés   veintiséis

- Las centenas formadas por un número terminado en **s** (2, 3, 6), conservan esta letra y añaden la **c** de ciento; es decir, se escriben con **sc**.

  doscientos   trescientos   seiscientos

16	_____
216	_____
316	_____
416	_____
616	_____
716	_____
22	_____
222	_____
322	_____
522	_____
622	_____
822	_____
23	_____
123	_____
223	_____
323	_____
623	_____
923	_____
26	_____
226	_____
326	_____
526	_____
626	_____
826	_____

OBSERVA:

Roberto se sacó el primer lugar; yo, el tercero.

> Los números ordinales indican sucesión u orden.

J Escribe los números ordinales del 1º al 50º. Comenta su uso con tus compañeros.

ATENCIÓN: 10º décimo   11º undécimo   12º duodécimo
             30º trigésimo   70º septuagésimo   90º nonagésimo

¿Notaste la diferencia ortográfica? ¡Claro!: Con 10º, 11º y 12º se emplea la terminación **écimo**, y del 20º al 90º se emplea **ésimo**.

• Escribe varios ejemplos para practicar lo anterior.

FÍJATE EN ESTOS PARES DE EJEMPLOS.

El tomo **primero**.   La obra **primera**.   El año **tercero**.   La fila **tercera**.
El **primer** tomo.   La **primera** obra.   El **tercer** año.   La **tercera** fila.

> Cuando se colocan antes del sustantivo, **primero** y **tercero** pierden la **o**. Esto sólo sucede en la forma masculina, nunca en la femenina. Sin embargo, es frecuente oír que alguien dice "la tercer persona" o "la primer alumna"; éstos son errores que debemos evitar.

K Cambia de lugar el número ordinal y reescribe la oración.

1. Ésta es la mañana primera sin salir al patio.

    _____

2. El canto tercero lo ejecutará el otro grupo.

    _____

3. Ella es la persona primera que toma la palabra.

    _____

4. Pienso que está en la página tercera.

    _____

52 Escribir cartas

• TERMINAMOS EL CURSO ESCRIBIENDO OTRAS CARTAS.

A Redacta dos cartas con los elementos que se dan a continuación o con los que sugieran tu maestro y tus compañeros. Escribe en una hoja de bloc. Recuerda que la carta es un escrito al que se da un formato especial:

- Empieza con el encabezado;
- después lleva el lugar y la fecha donde se escribe la carta;
- a continuación, el saludo y los párrafos de que se compone;
- al final, la despedida y la firma.

Además, la carta se pone en un sobre debidamente rotulado.

1. Idea global: Aclarar un malentendido.

Te comentaron que Javier, un compañero de otro grupo, está muy molesto contigo porque tú hablaste mal de su hermano. Además de que lo anterior es falso, pues tú ni siquiera conoces a su hermano, no eres peleonero, aprecias a Javier, de quien has oído hablar muy bien y no quieres estar enemistado con él.

Escribe la carta en 4 párrafos.

1. Saludo.
2. Desmentir lo que sabes.
3. Ofrecer tu amistad.
4. Despedida.

2. Idea global: Ofrecer una patente.

Ofrecer la patente de un invento que un grupo de amigos, tú entre ellos, inventaron. Se trata de un anillo que impide que pueda mentir el que lo tiene puesto. Trabajaron mucho tiempo y ahora el invento está completamente probado y perfeccionado.

Antes de escribir la carta 2 decide en cuántos párrafos la vas a escribir; es decir, cuántas ideas vas a exponer en la carta. Después piensa en los bloques de ideas de que se compone cada párrafo y en las ideas principales.

Escribe la carta en una hoja de bloc, de acuerdo con los lineamientos que ya conoces. Escribe el sobre correspondiente antes de presentar tu trabajo para ser evaluado por uno de tus compañeros o por tu maestro.

B Redacta un texto compuesto de varios párrafos. Puedes emplear algunas de las preguntas siguientes o elegir otro tema para tu escrito.

- ¿Te pareció difícil el curso de Redacción? ¿Aburrido?
- ¿Qué habilidades desarrollaste? ¿Qué sabes ahora que antes no sabías?
- ¿Despertó el curso tu gusto por la escritura?
- ¿Crees que desarrollar esta habilidad (la redacción) contribuye a comprender mejor la lectura? Explica tu respuesta.

_____

_____

_____

_____

_____

_____

_____

_____

_____

_____

LECCIÓN 53

Revisión de H, Y, LL, X y números

A Completa las oraciones con las palabras de la columna derecha.

1. Hay películas de suspenso y de _____ .   Humberto

2. Le pusimos _____ para bajarle la fiebre.   honrado

3. Límpialo con un paño_____ .   hielo

4. Mi padrino se llama _____ .   hacha

5. Al caballo le cambiaron una _____ .   húmedo

6. Los pasteles se _____ con _____ .   prohibido

7. El _____ de mi papá es mi tío.   harina

8. Los leñadores afilan su _____ .   hacen

9. Sé _____ y _____   hermano

   me aconsejan mis padres.   honesto

10. Está_____ circular un día de   herradura

    la semana.   horror

B Localiza seis palabras con **y** o con **ll** y escríbelas en las líneas de la derecha.

X	F	R	L	M	S	O	T	A	H	L	Y	C		A	J
K	R	T	D	S	Y	E	R	N	O	L	S	N	E	P	X
Q	A	R	F	W	Y	Z	J	L	Y	D	K	Z	V	A	O
B	Q	Y	T		H	P	L	J	O	N		W	A	B	Y
Y	X	W	E	Q	R	A	B	L	W	D	Q	B	L	U	M
A	Z	D	W	R	B	X	T		Z	J	S	W	L	L	Y
S	L	W	C	A	P	L	W	O	M	P	R		R	L	K
N	S	B	C	W	V	D	W	B	O	T	E	L	L	A	T
W	J	Z	W		M	L	O	C	P	L	R	S	B		W
Q	F	E	Z	W	U	K	T	Z	N	H	L	Q	F	W	V

_____

_____

_____

_____

_____

_____

C Escribe palabras con **y**, **ll**.

y {
_____
_____
_____
_____
_____

ll {
_____
_____
_____
_____
_____

D Escribe cinco oraciones empleando palabras con **r**, **rr**.

Ejemplo: Rápido corren los carros del ferrocarril.

1. _____ .
2. _____ .
3. _____ .
4. _____ .
5. _____ .

E Agrupa las palabras y anota la regla correspondiente.
Trabaja en tu cuaderno.

extraordinario   amnesia   extraer   omnipotente

exportar   ómnibus   exterminar   extraterrestre

F Escribe con letra los números.

Número	Cardinal	Ordinal
2		
16		
30		
123		
57		
105		
208		

Bibliografía

Bioy Casares, Adolfo, *La invención de Morel*, Alianza Editorial, Buenos Aires, 1968.

Galindo, Sergio, *El bordo*, Grijalbo, México, 1995.

García Márquez, Gabriel, *El coronel no tiene quien le escriba*, Editorial Sudamericana, Buenos Aires, 1971.

_____ *Cuentos peregrinos*, Diana, México, 1992.

Gorostiza, José, *Poesía*, FCE, México, 1977.

Melo, Juan Vicente, *La rueca de Onfalia*, Universidad Veracruzana, (Ficción Breve), México, 1996.

Valadés, Edmundo, *El libro de la imaginación*, FCE (Colección popular), México, 1978.

Villaurrutia, Xavier, *Obras*, FCE, México, 1995.

Zaid, Gabriel (compilador), *Ómnibus de poesía*, Siglo XXI, México, 1971.

La EDICIÓN, COMPOSICIÓN, DISEÑO E IMPRESIÓN DE ESTA OBRA FUERON REALIZADOS
BAJO LA SUPERVISIÓN DE GRUPO NORIEGA EDITORES.
BALDERAS 95, COL. CENTRO. MÉXICO, D.F. C.P. 06040
8221295000204529DP9200IE